Character Design

Templates

Semi-transparet templates for drawing and designing characters

Malik A. Nairat

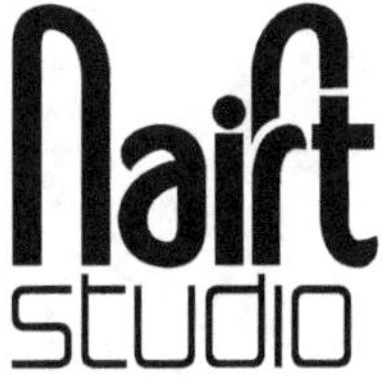

Nairt
STUDIO

Published in Sweden, by Nairat Studio.
www.nairat.com/publishing
publishing@nairat.com

Character Design Templates - Semi-transparet templates
for drawing and designing characters by Malik A. Nairat.

ISBN 978-91-985048-0-4

Contents

Female Character Templates

Regular Female

Notes:

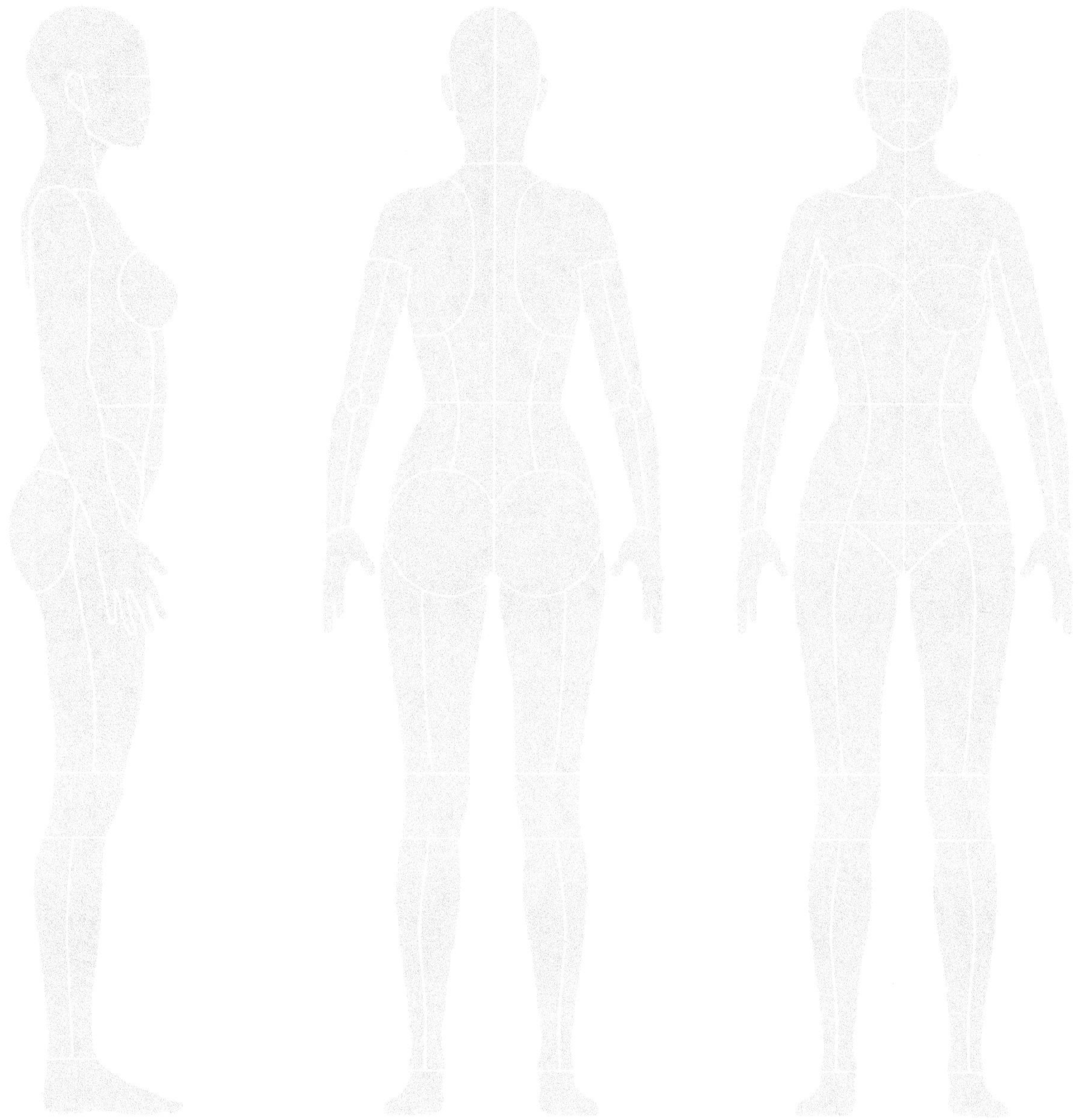

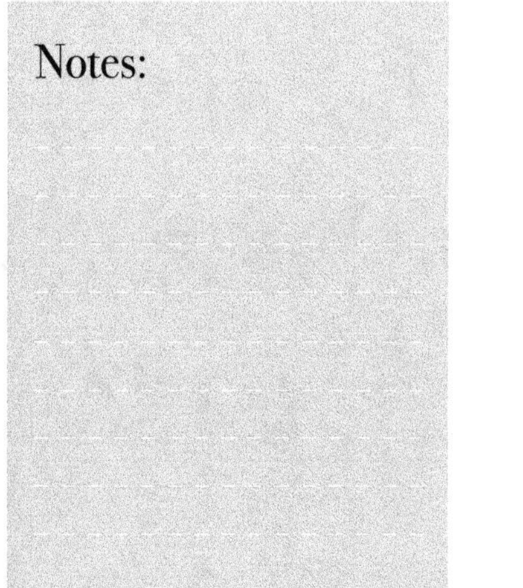

Notes:

Notes:

Notes:

Notes:

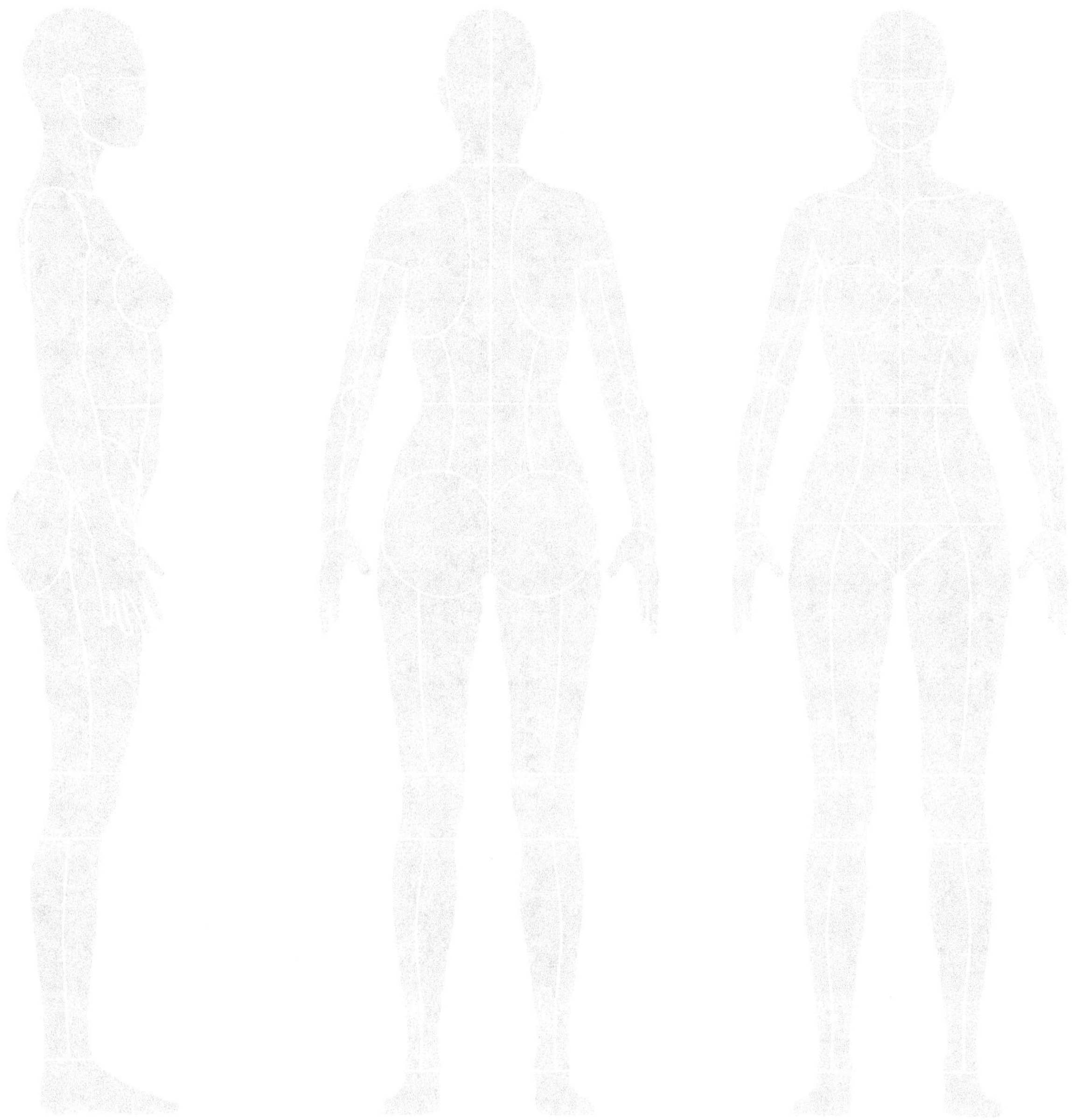

Notes:

Overweight Female

Notes:

Notes:

Notes:

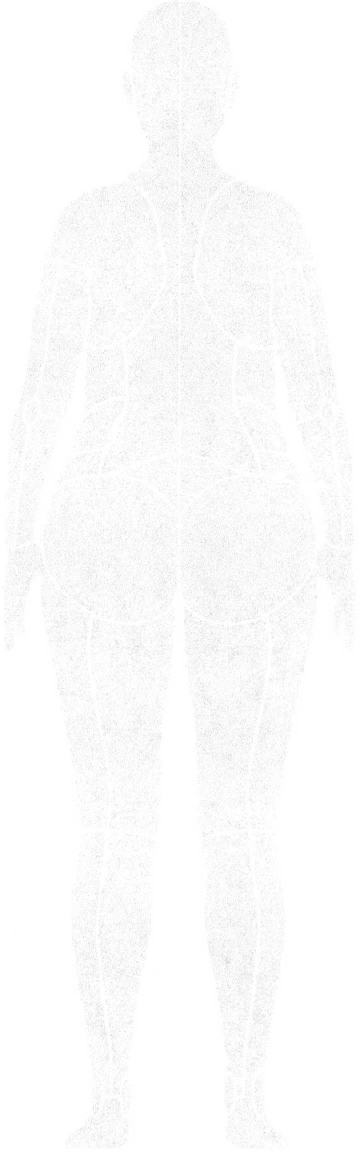

Notes:

Notes:

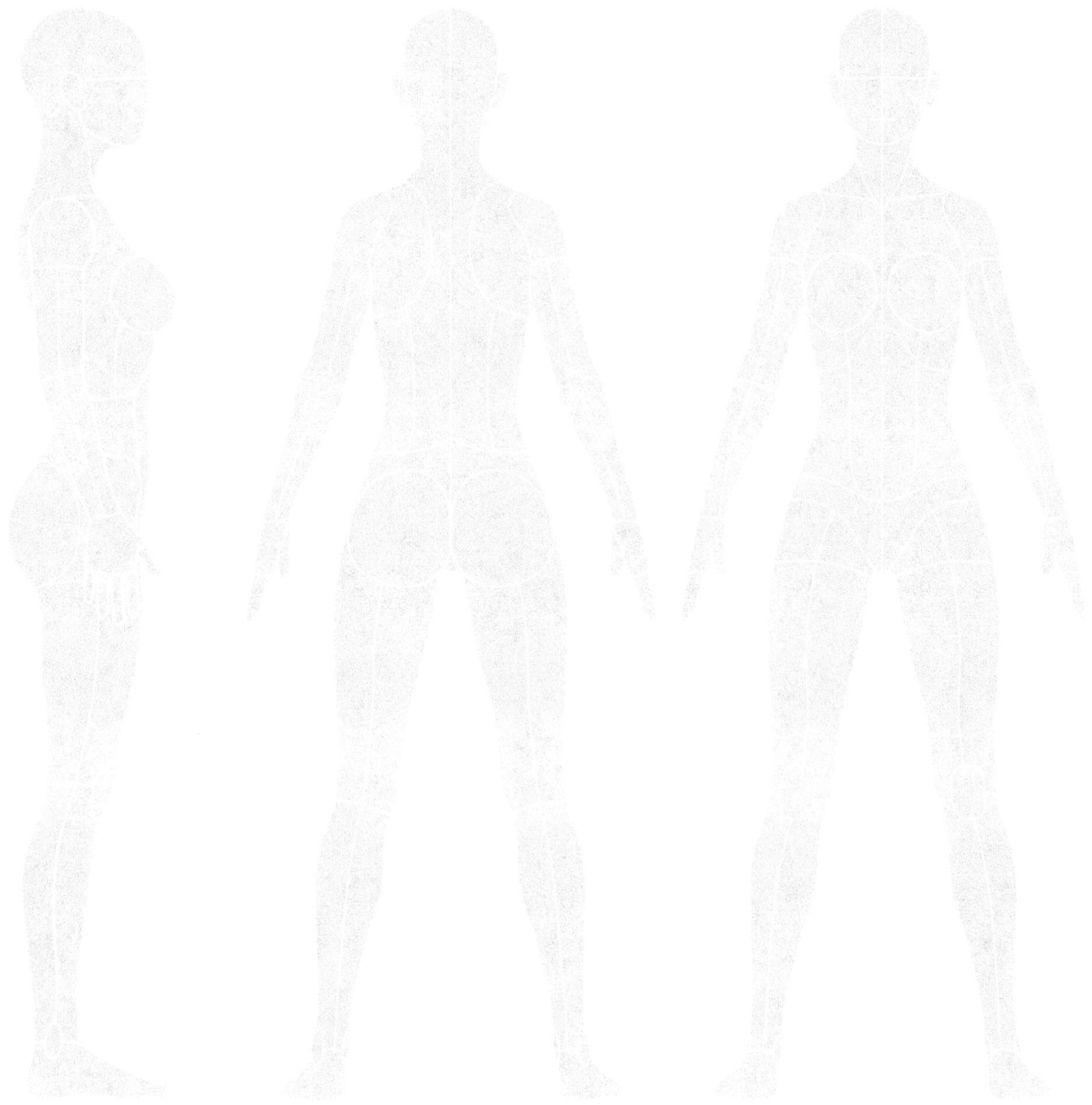

Notes:

Notes:

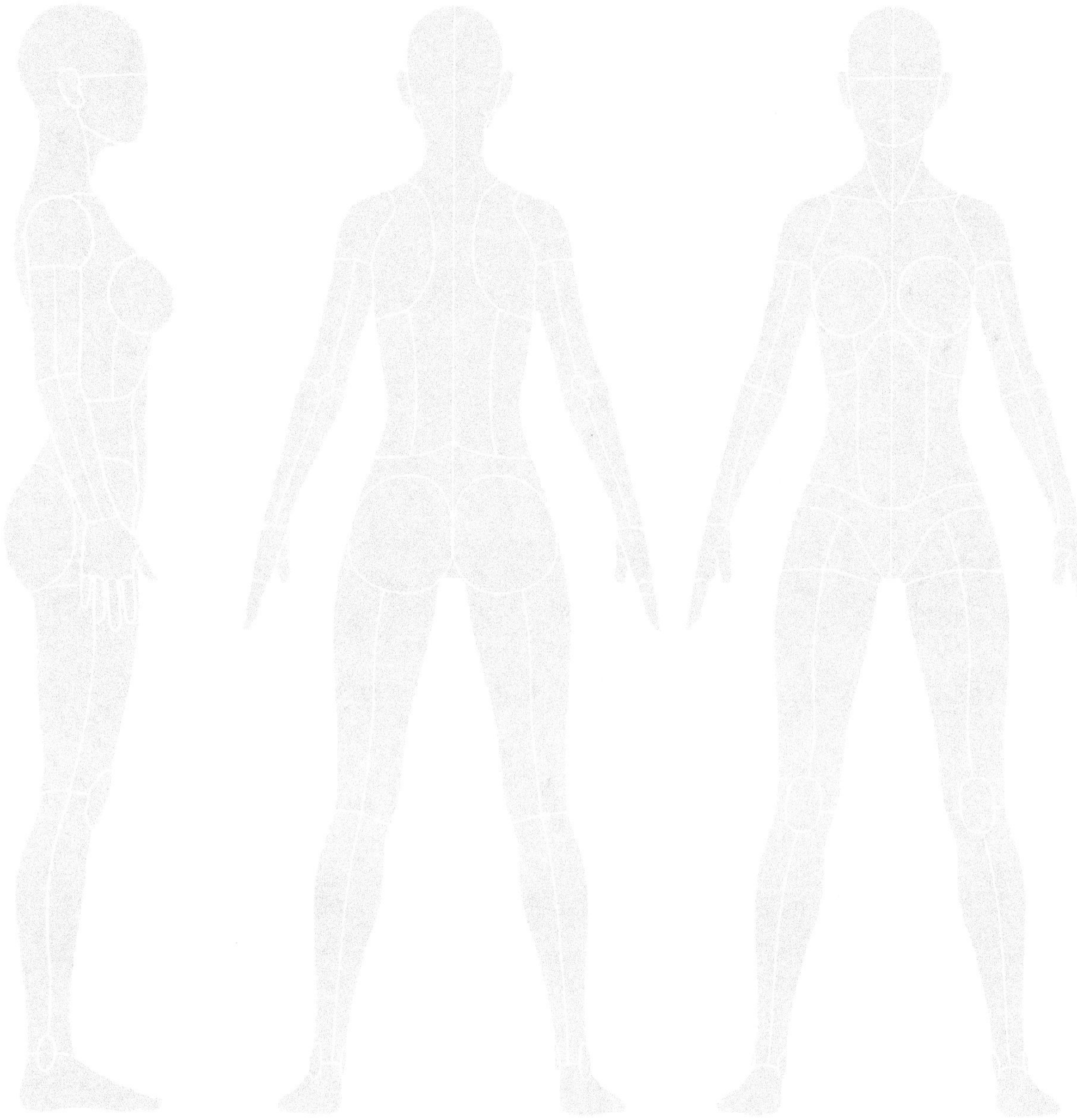

Notes:

Notes:

Notes:

Notes:

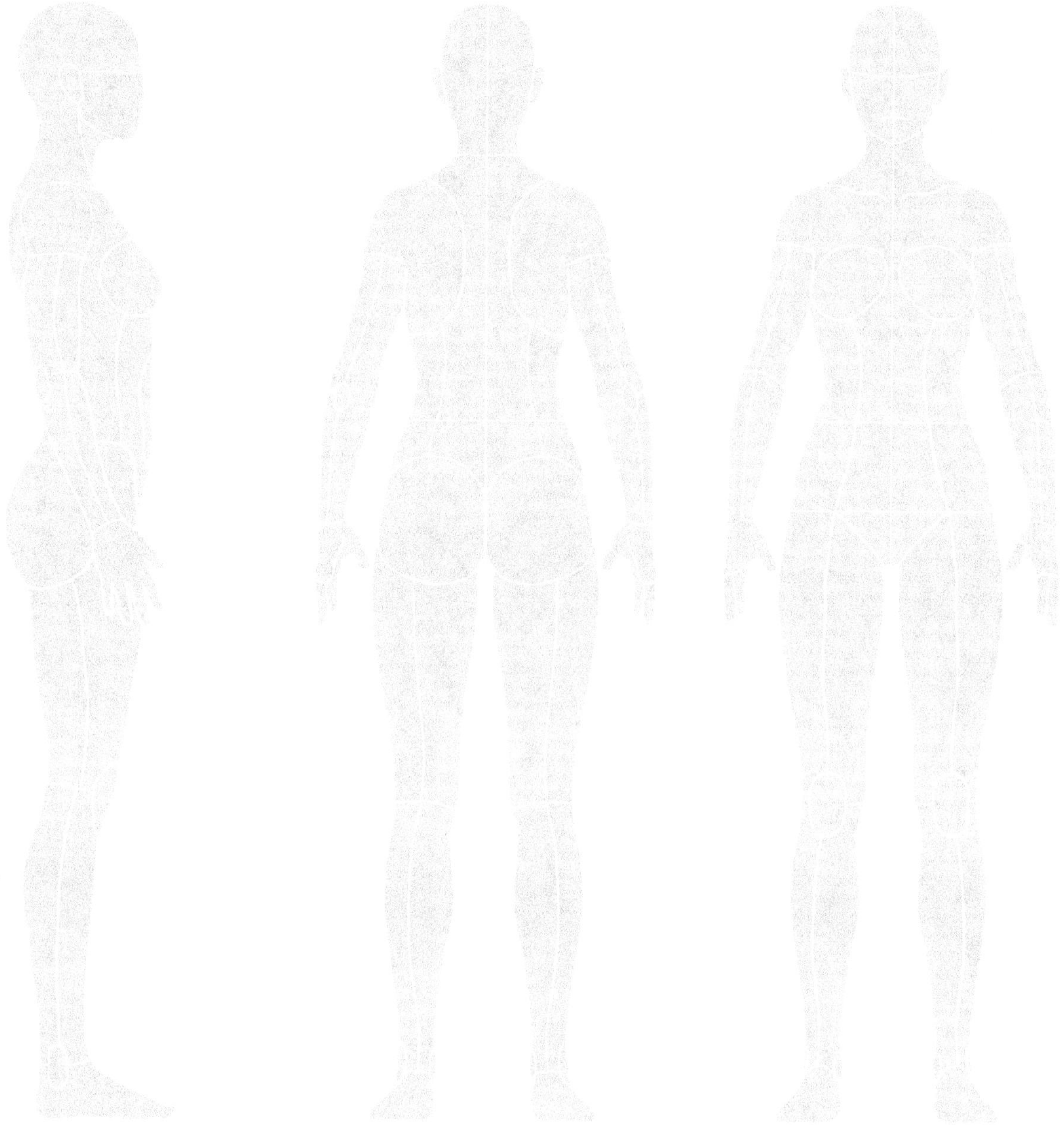

Notes:

Fit Female 3

Notes:

Notes:

Notes:

Notes:

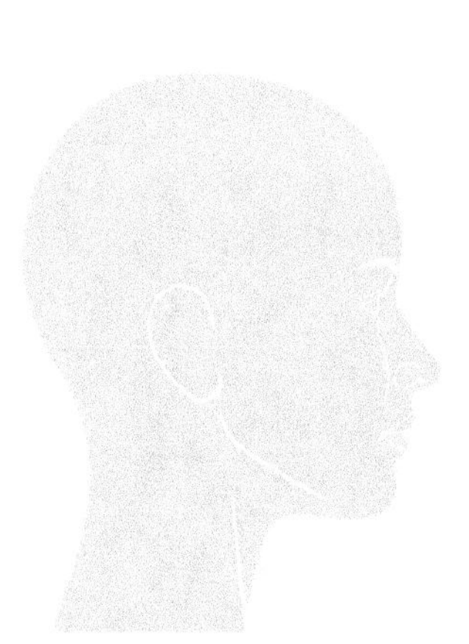

Notes:

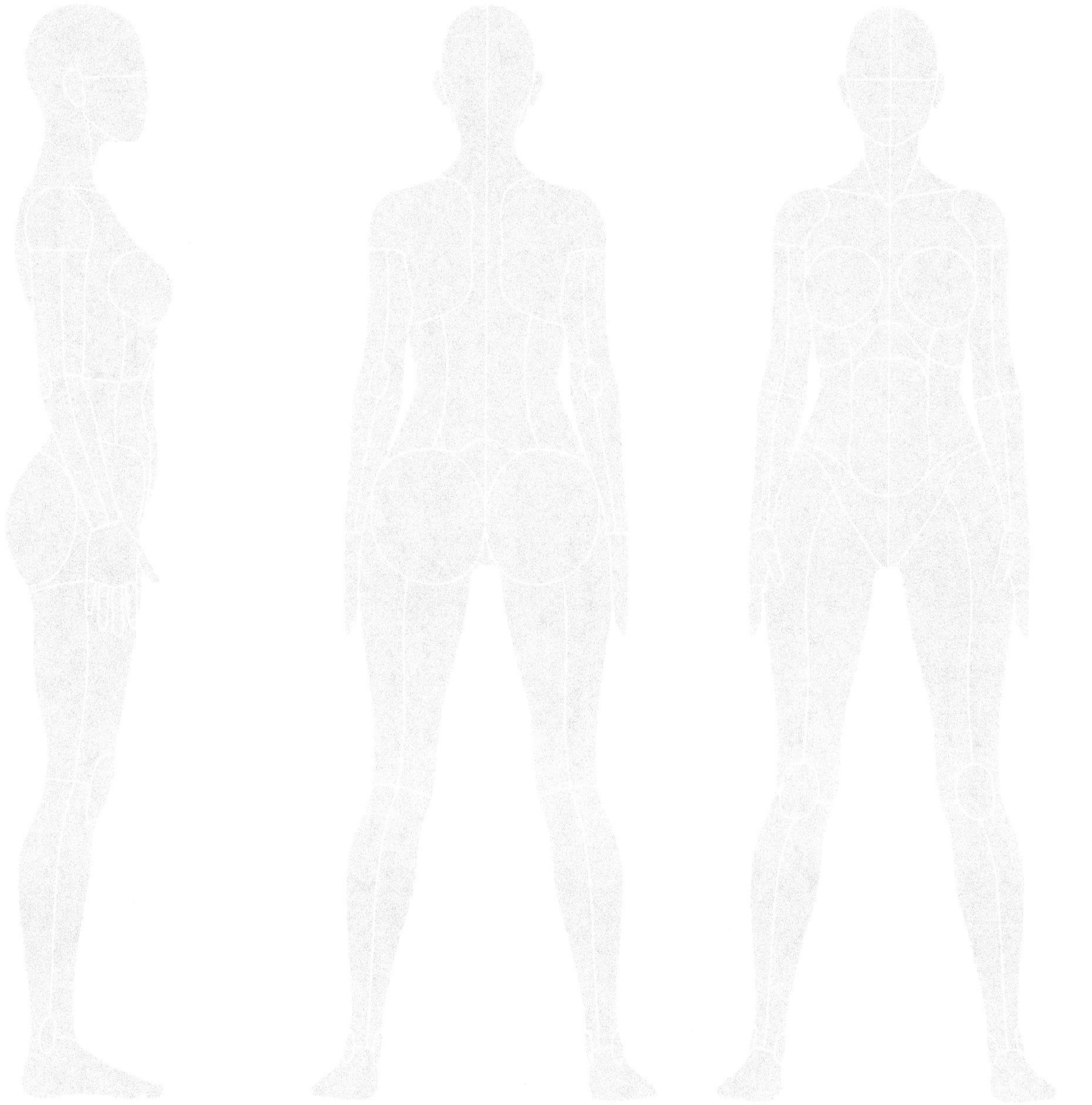

Notes:

Notes:

Notes:

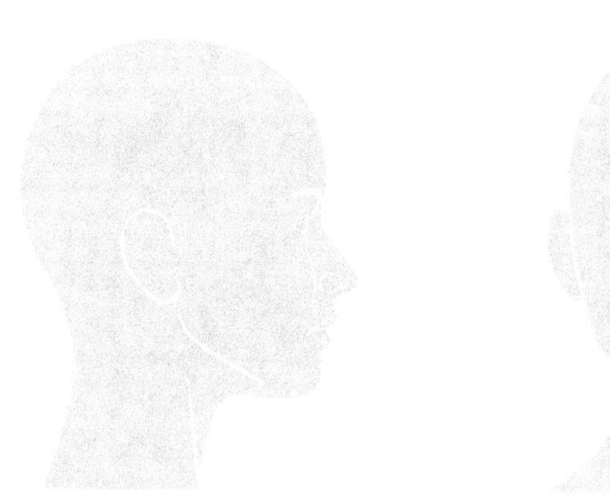

Atheltic Female 1

Notes:

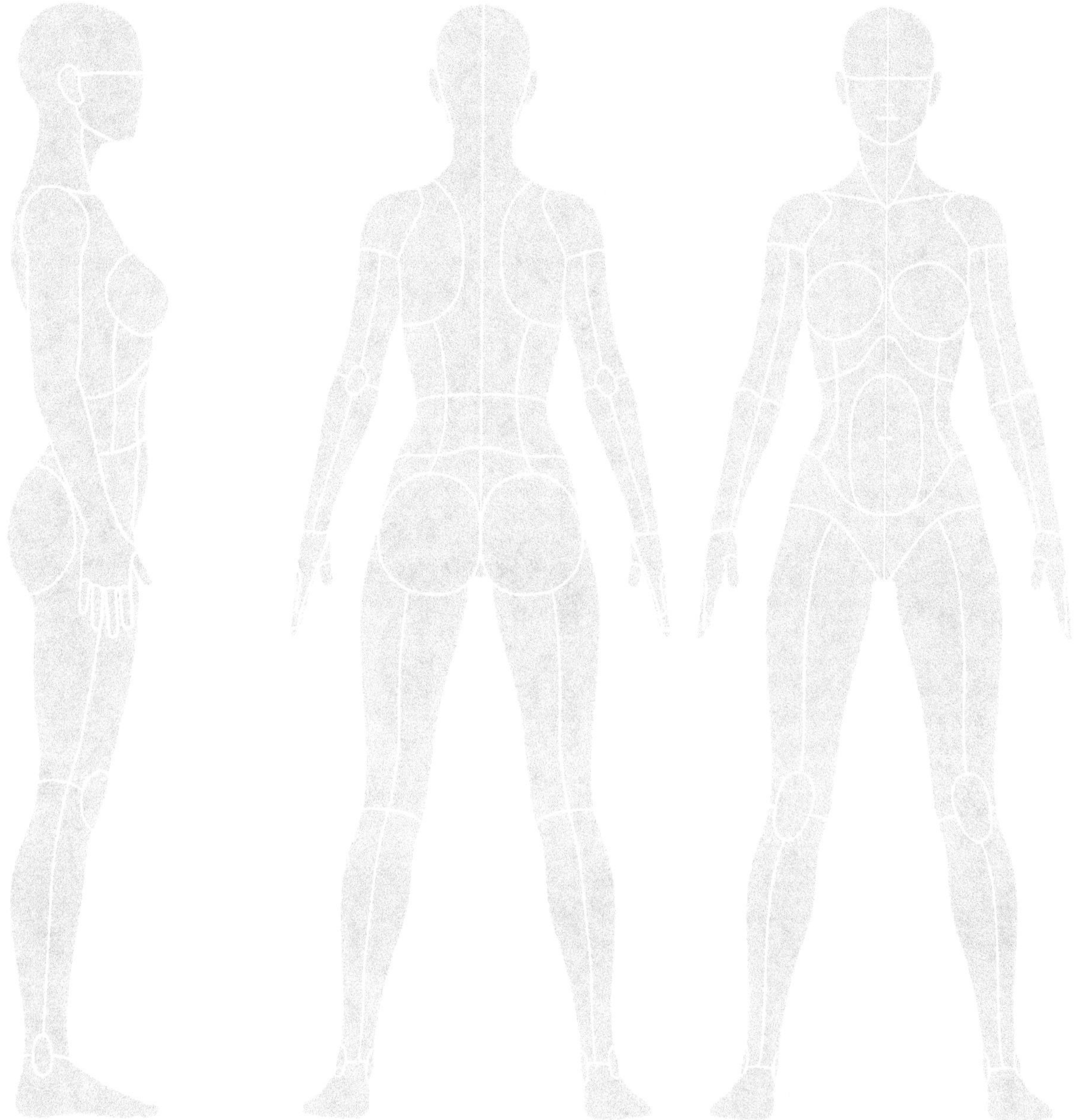

Notes:

34

Notes:

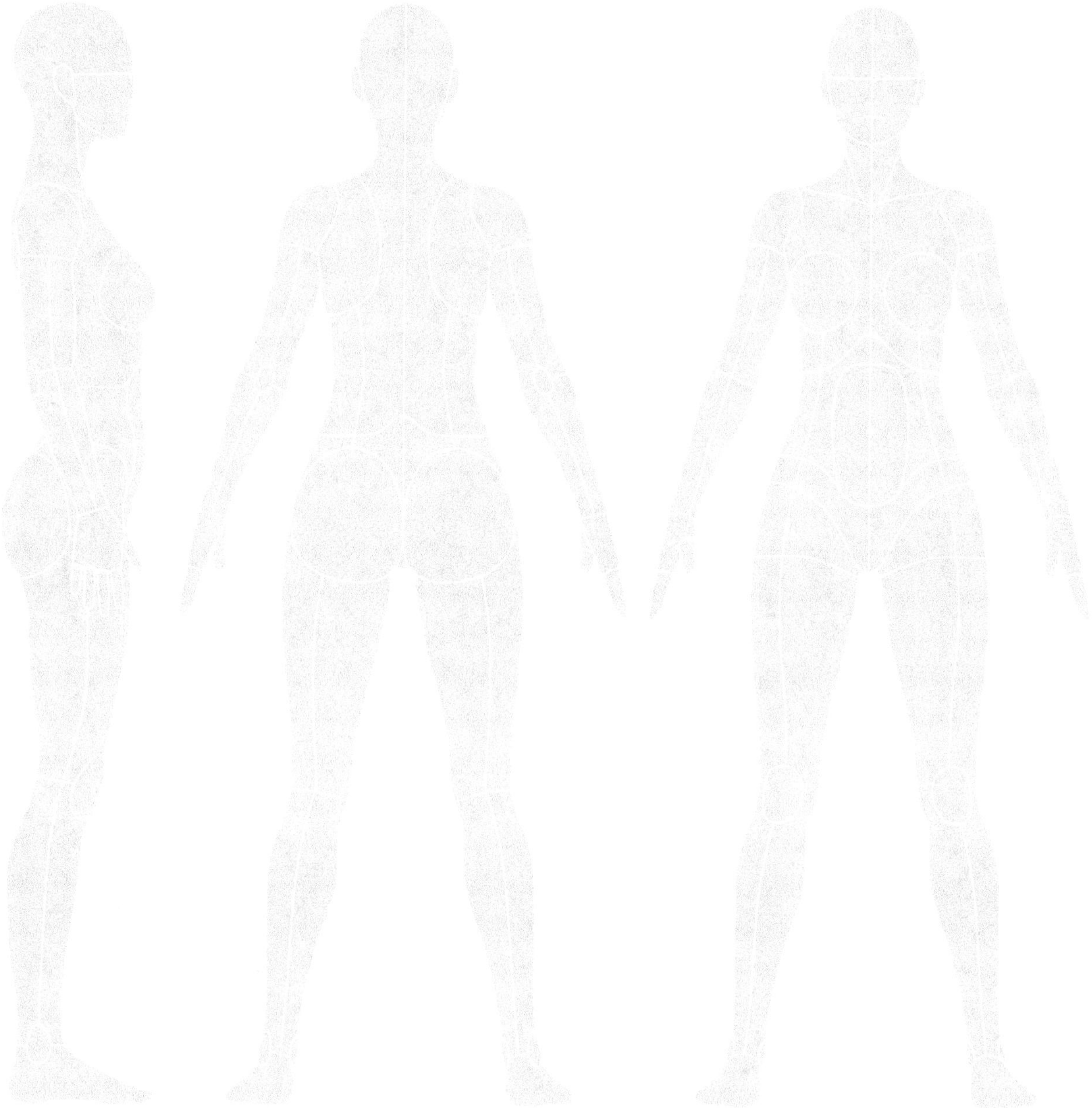

Notes:

Atheltic Female 3

Notes:

Notes:

Notes:

Notes:

Young Female 1

Notes:

Notes:

Young Female 2

Notes:

Notes:

Notes:

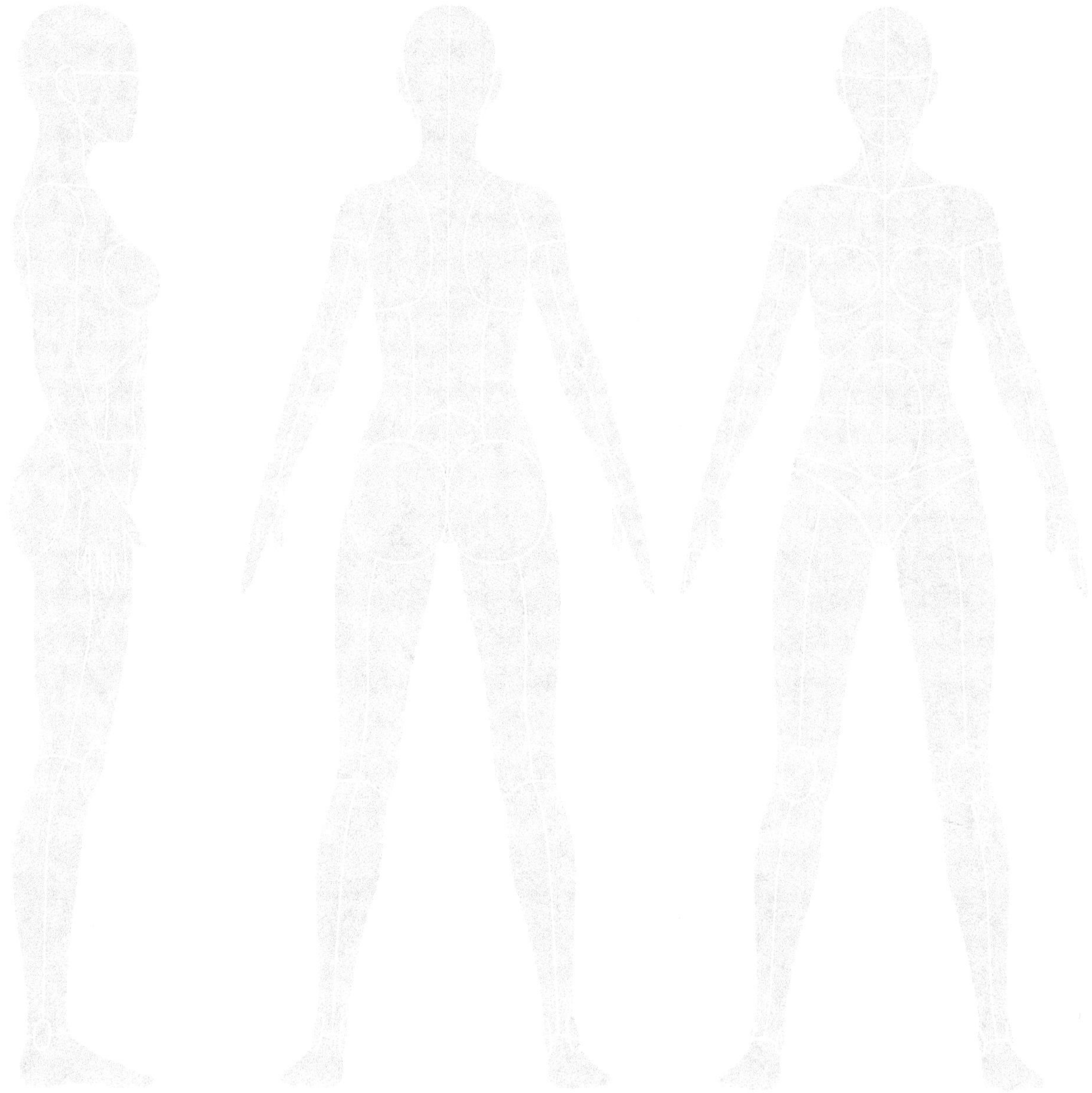

Notes:

Warrior Female

Notes:

Notes:

Notes:

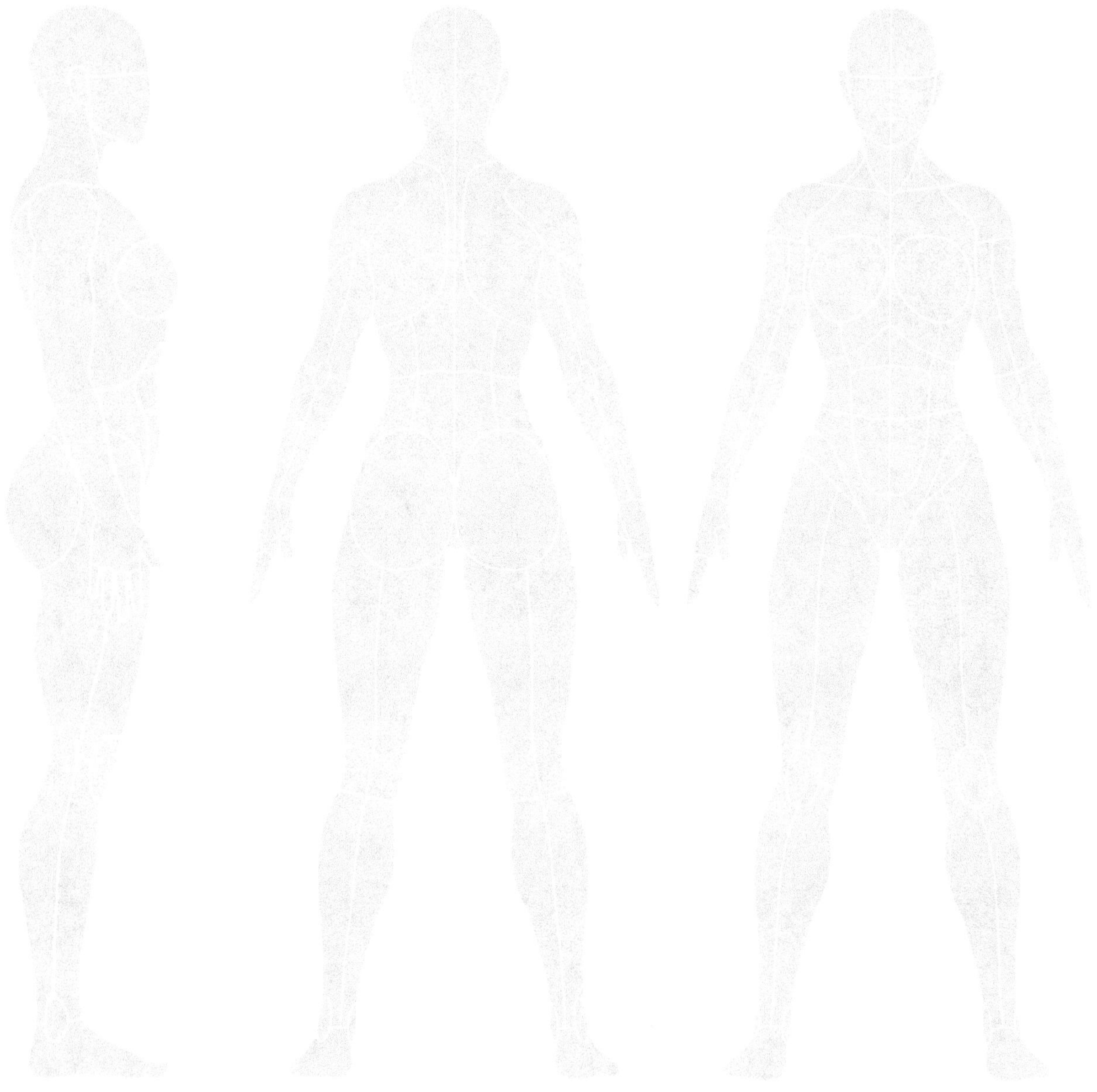

Notes:

Superhero Female

Notes:

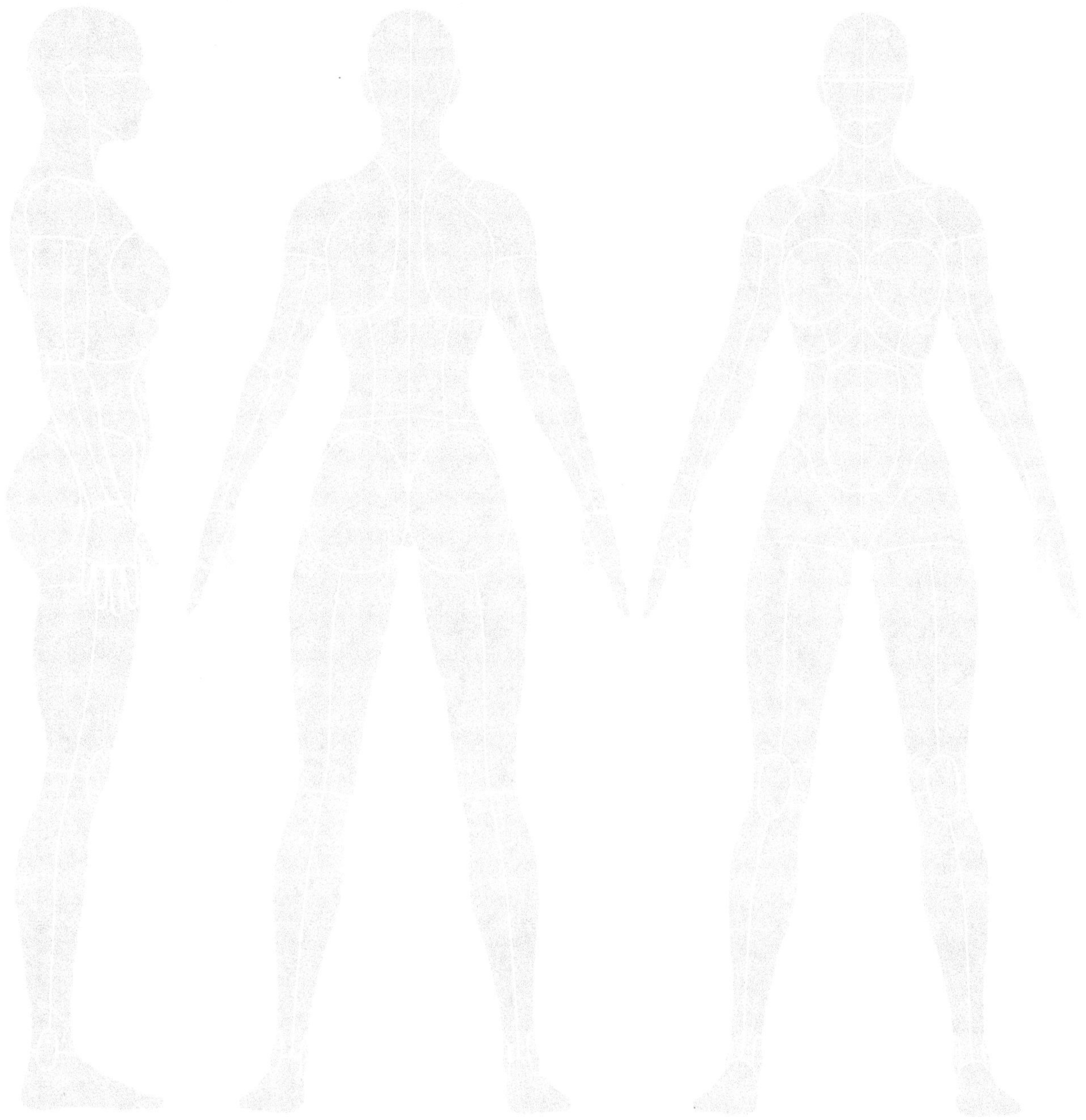

Notes:

Notes:

Notes:

Manga Female 1

Notes:

Notes:

Notes:

Notes:

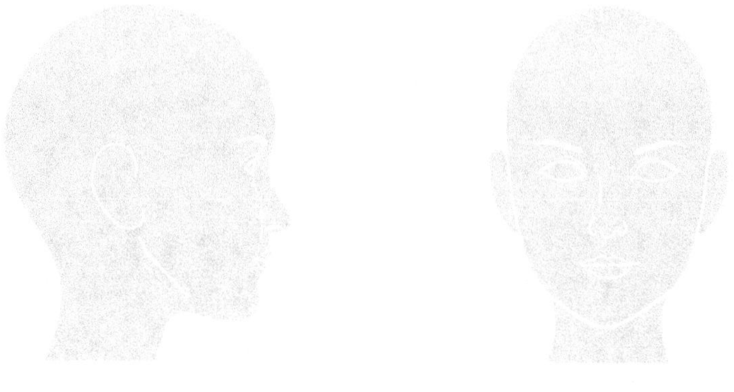

Manga Female 3

Notes:

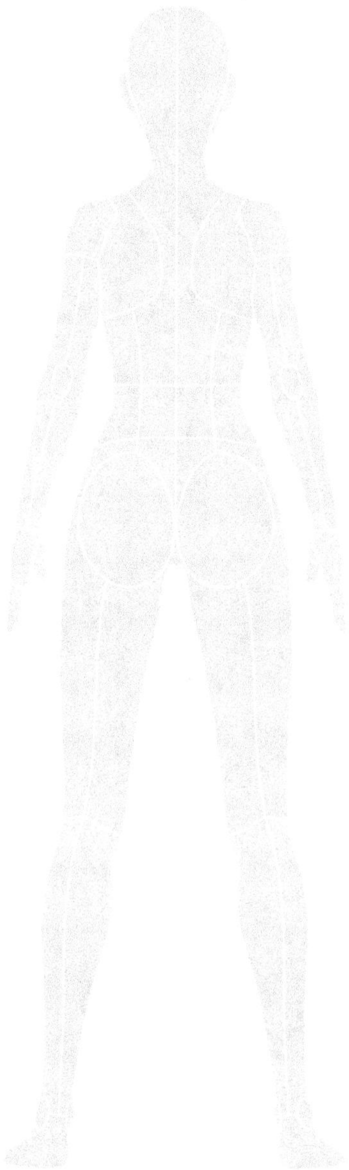

Notes:

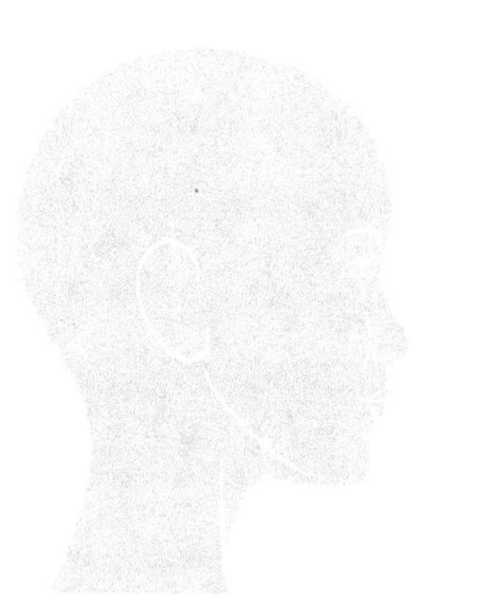

Manga Female 4

Notes:

Notes:

Notes:

Notes:

Notes:

Notes:

Young Asian Female

Notes:

Notes:

Teenager Female

Notes:

Notes:

Notes:

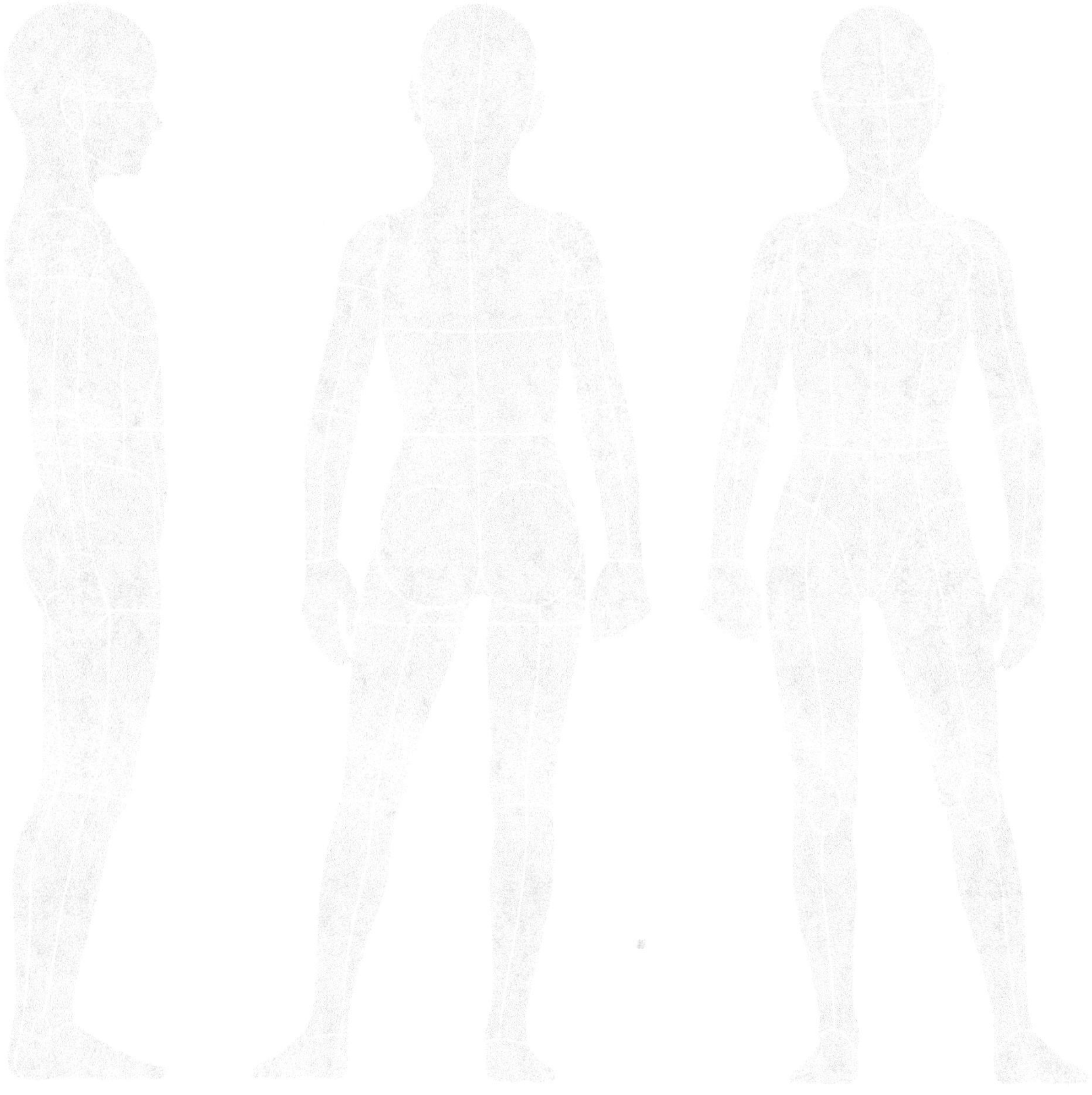

Notes:

Notes:

Male Character Templates

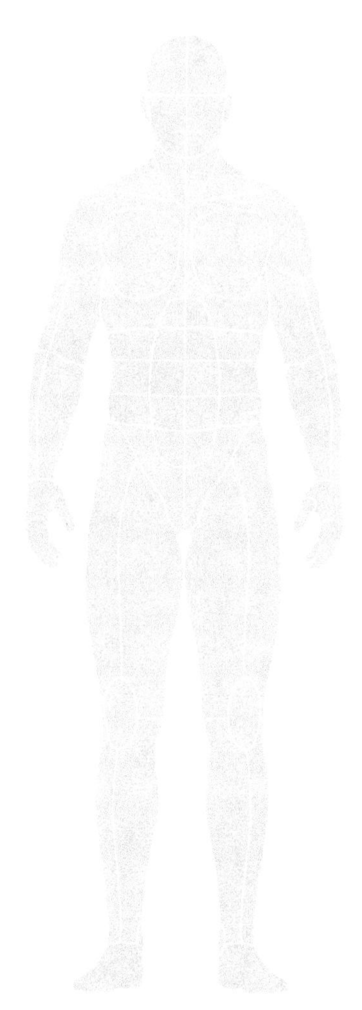

Notes:

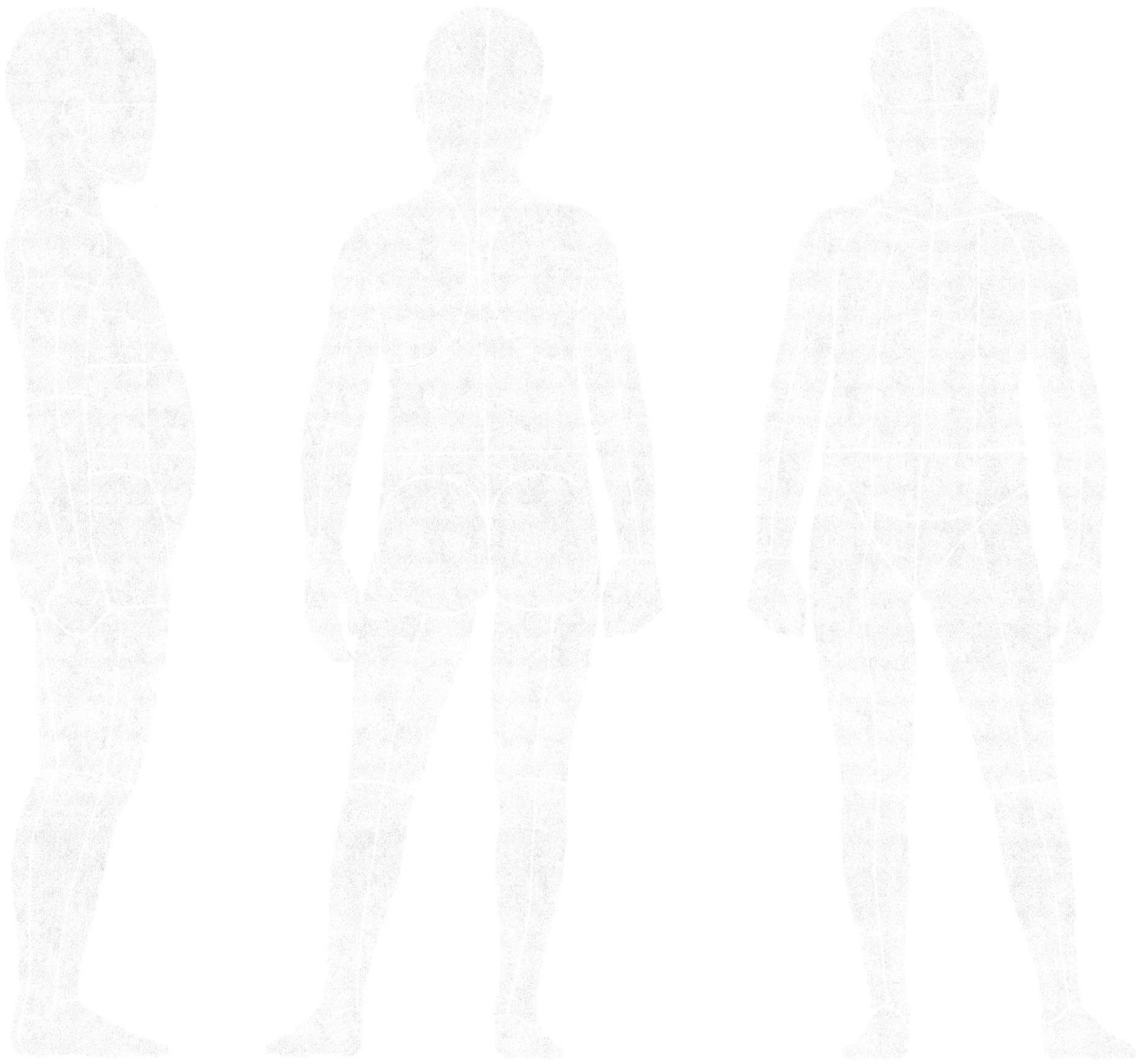

Notes:

Notes:

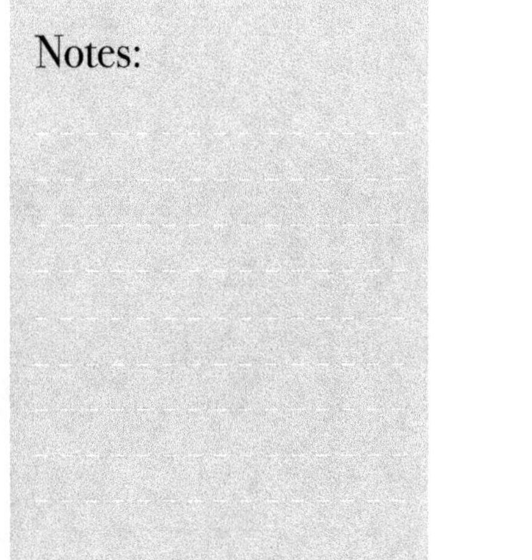

Notes:

Notes:

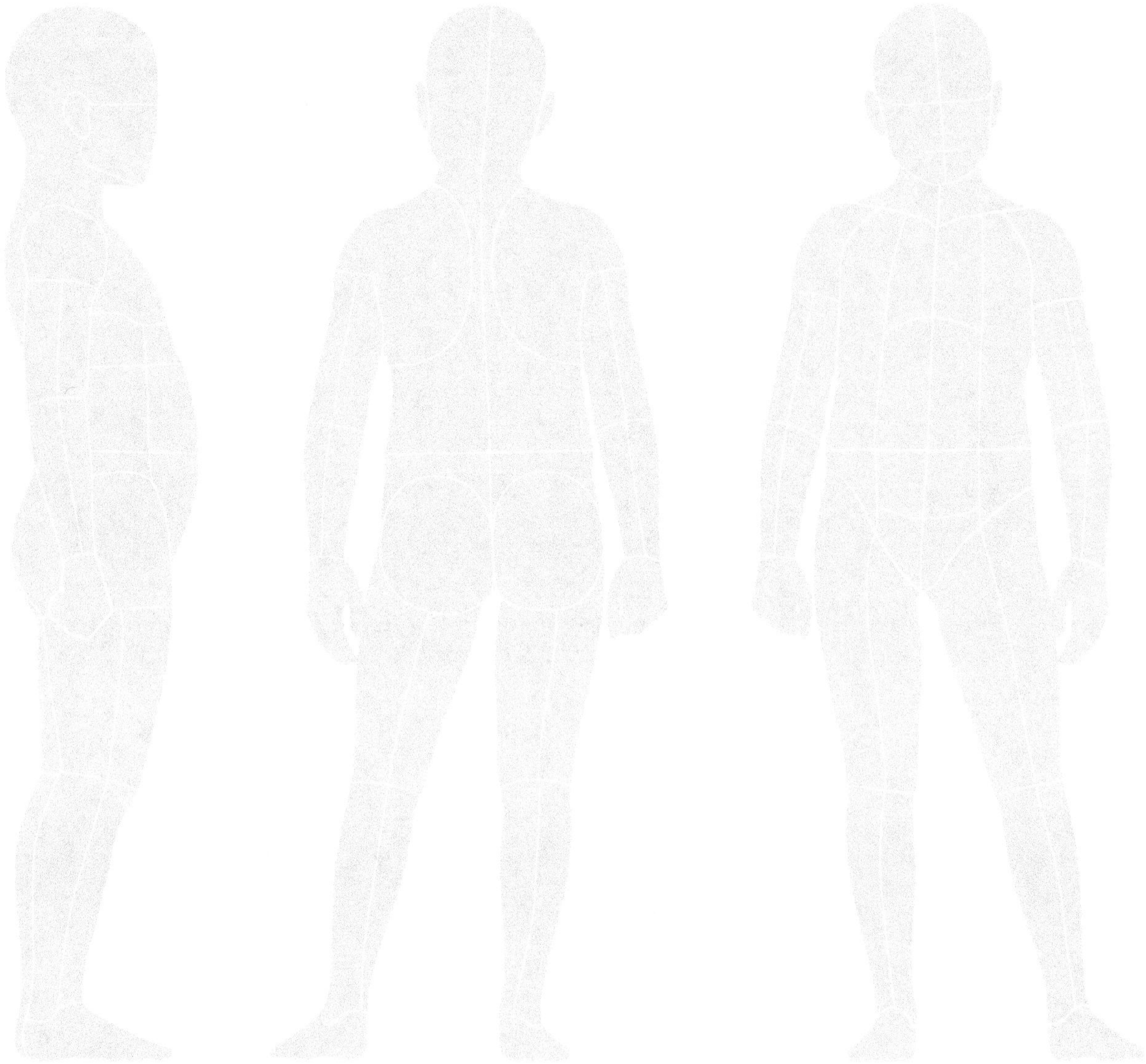

Notes:

Child

Notes:

Notes:

Notes:

Notes:

Notes:

Notes:

Atheltic Male 1

Notes:

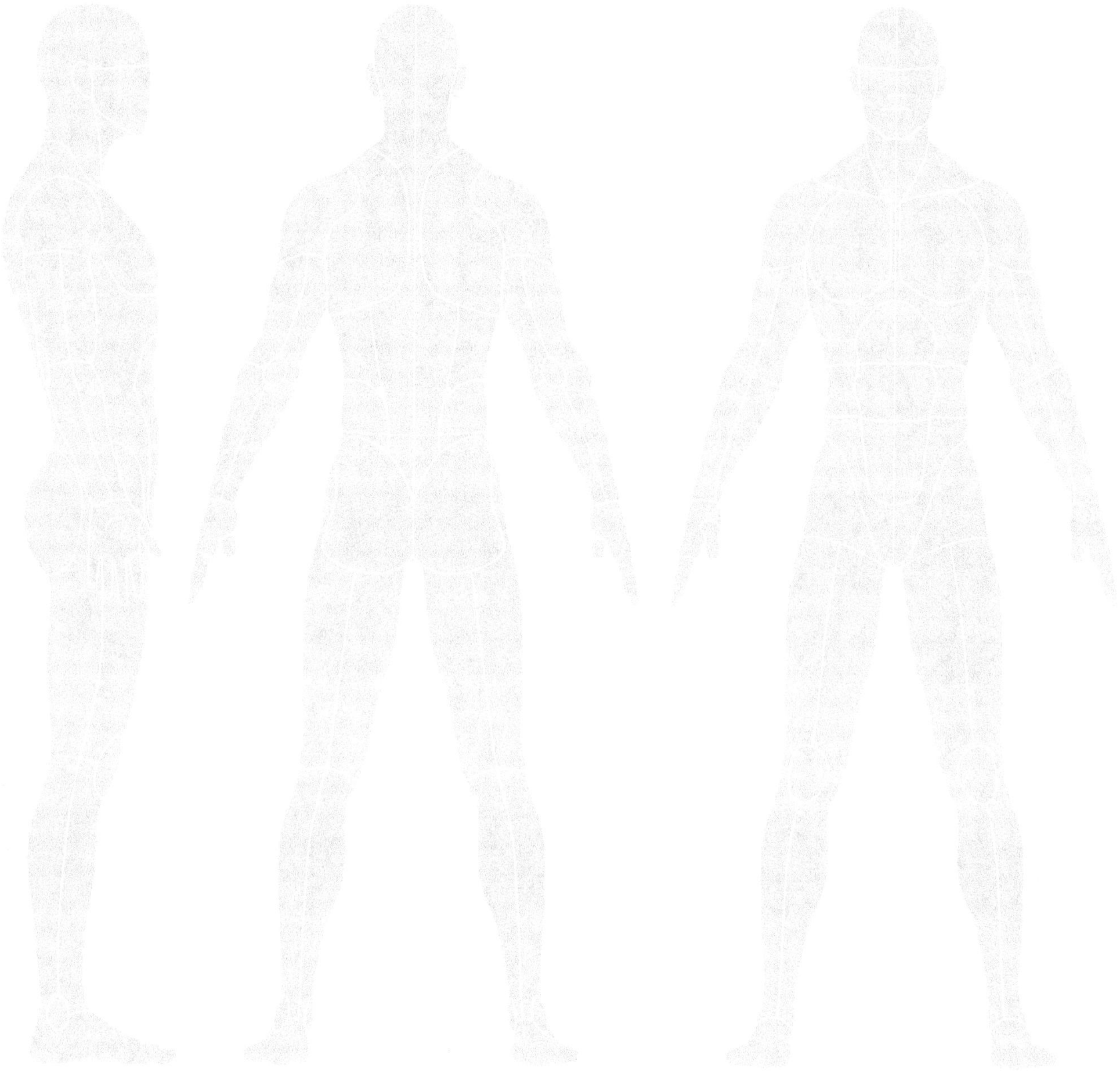

Notes:

Notes:

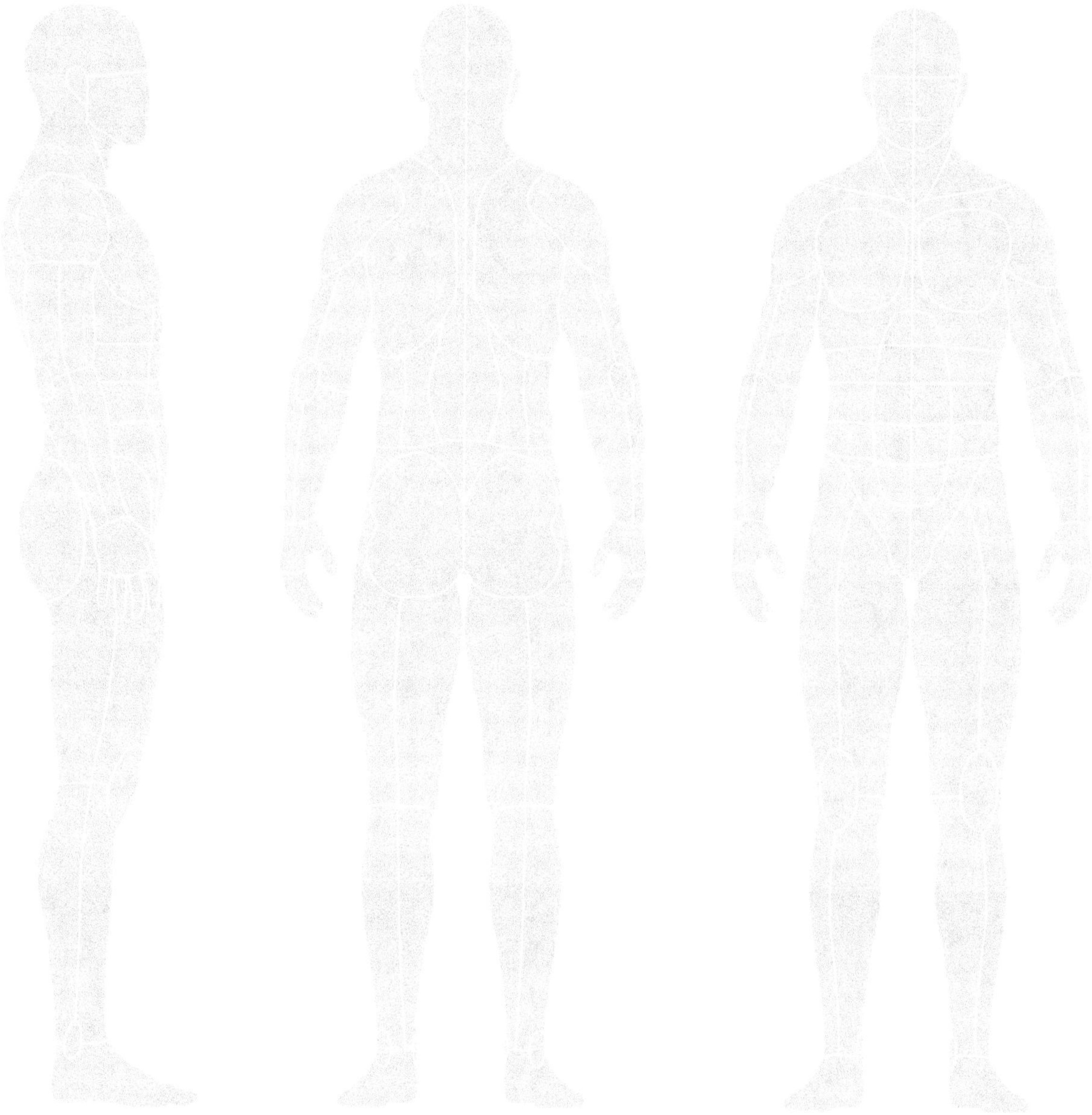

Notes:

Notes:

Notes:

Notes:

Notes:

Builtfat Male 1

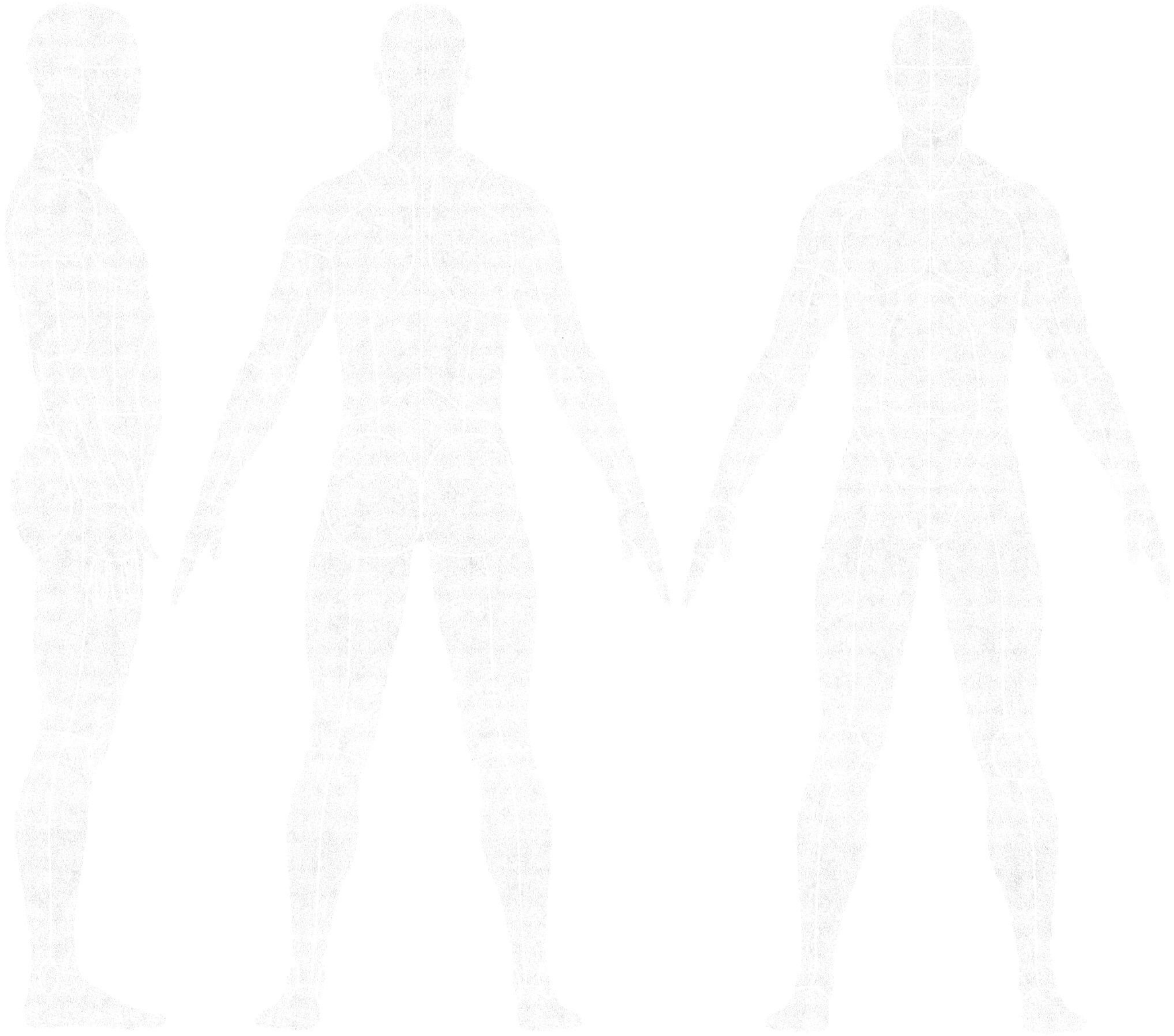

Notes:

Notes:

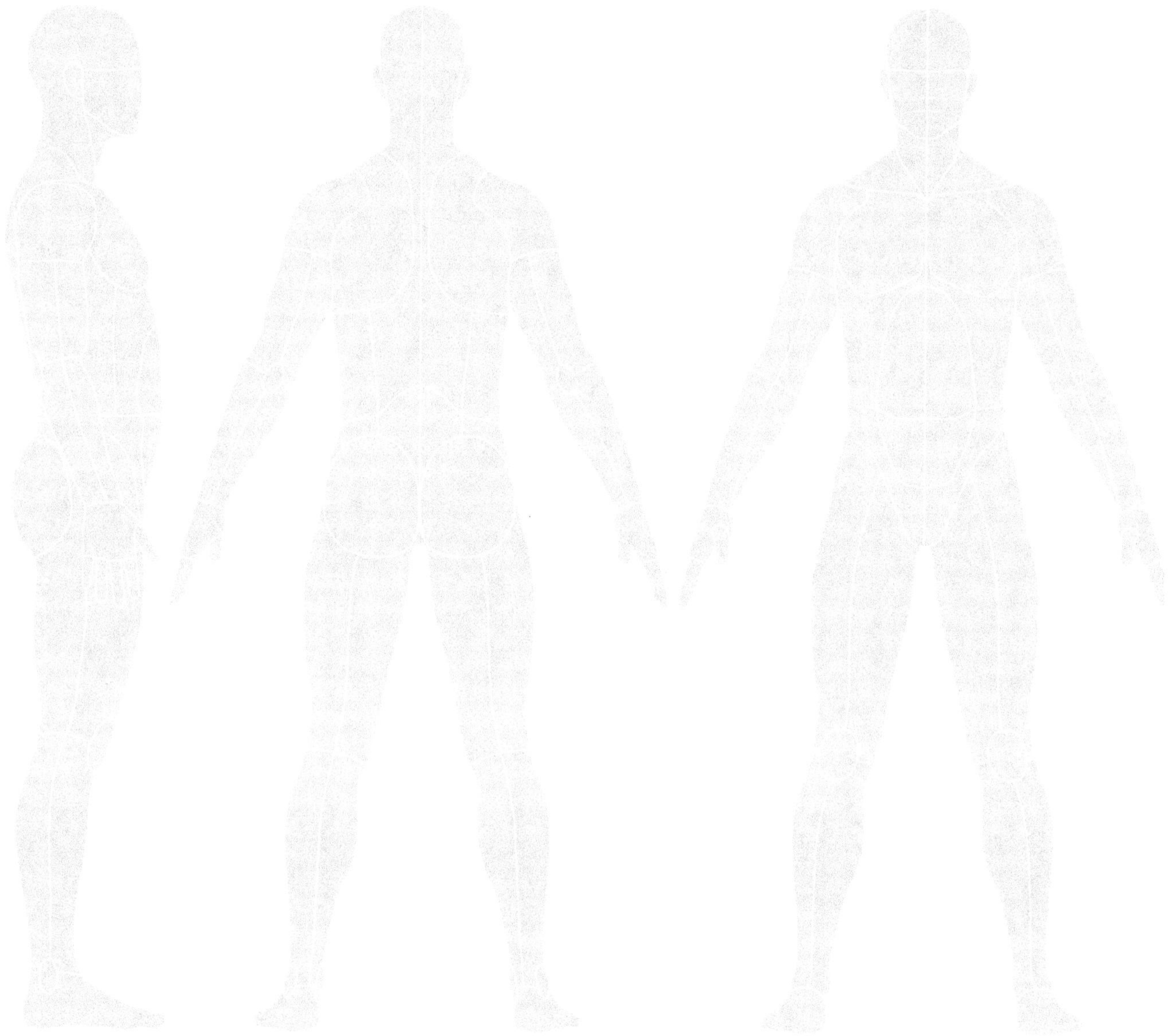

Notes:

Builtfat Male 2

Notes:

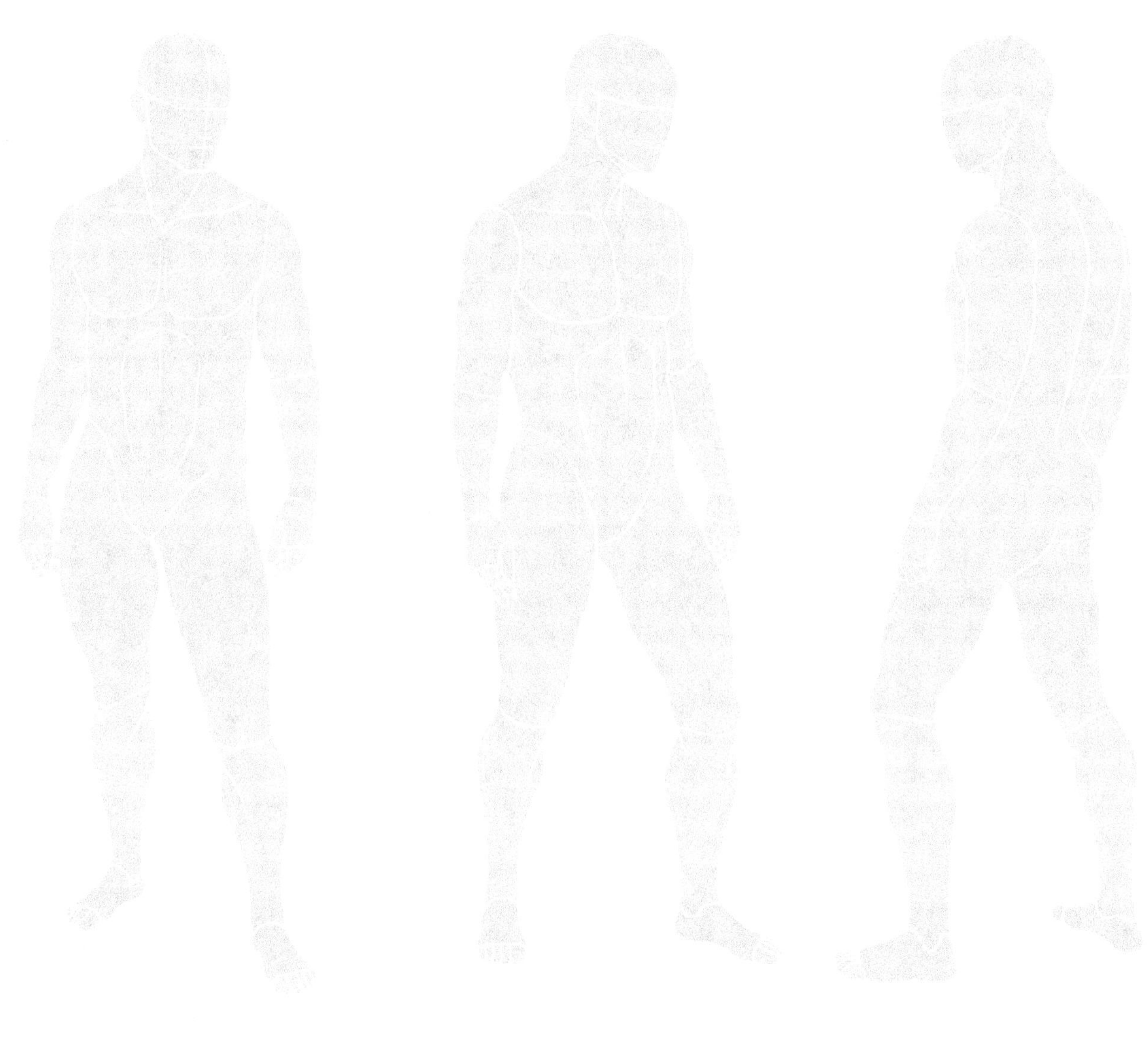

Notes:

Notes:

Notes:

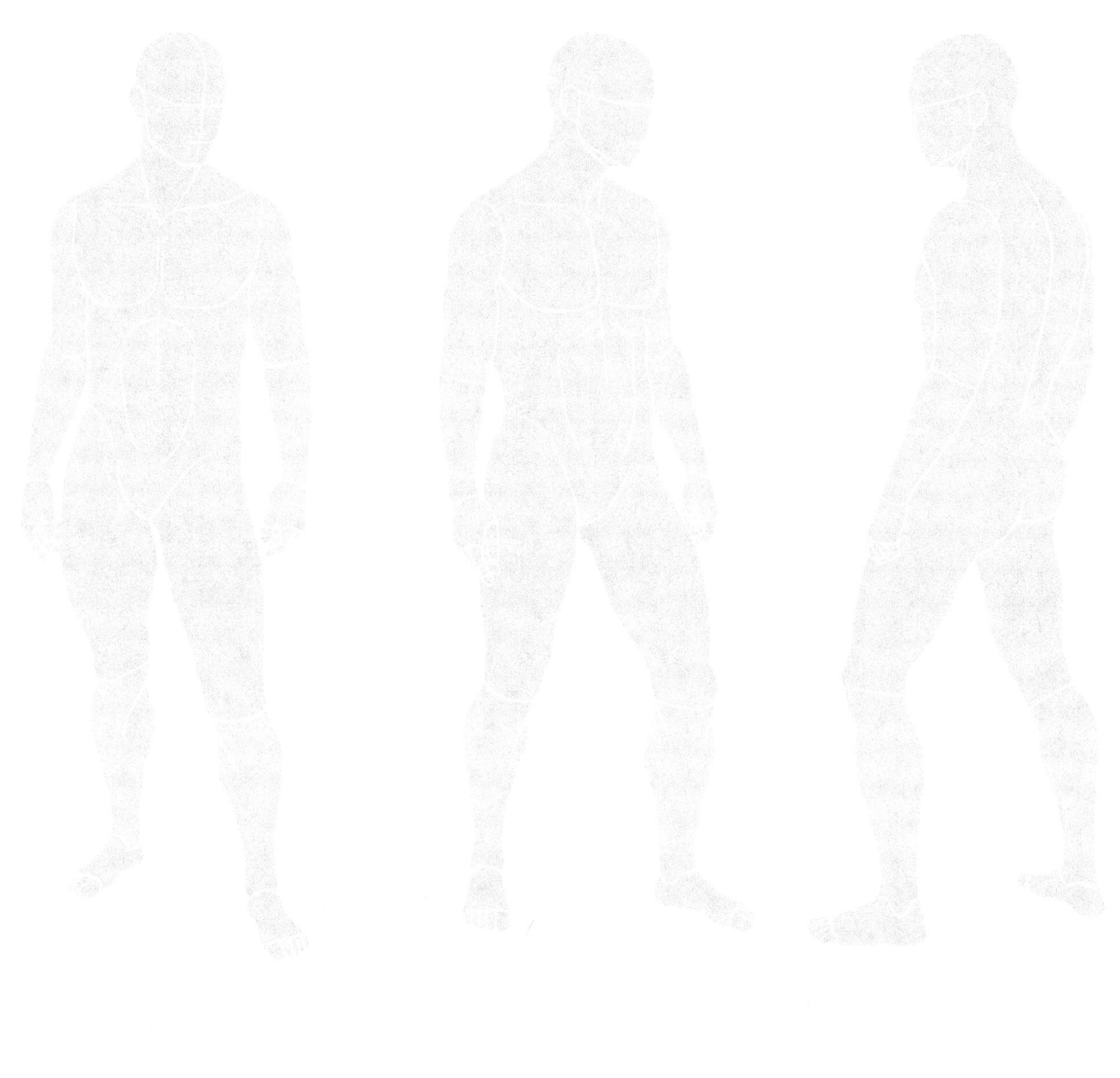

Notes:

Built Male

Notes:

Notes:

Notes:

Bodybuilder Male

Notes:

Notes:

Notes:

Notes:

Ottermode Male 1

Notes:

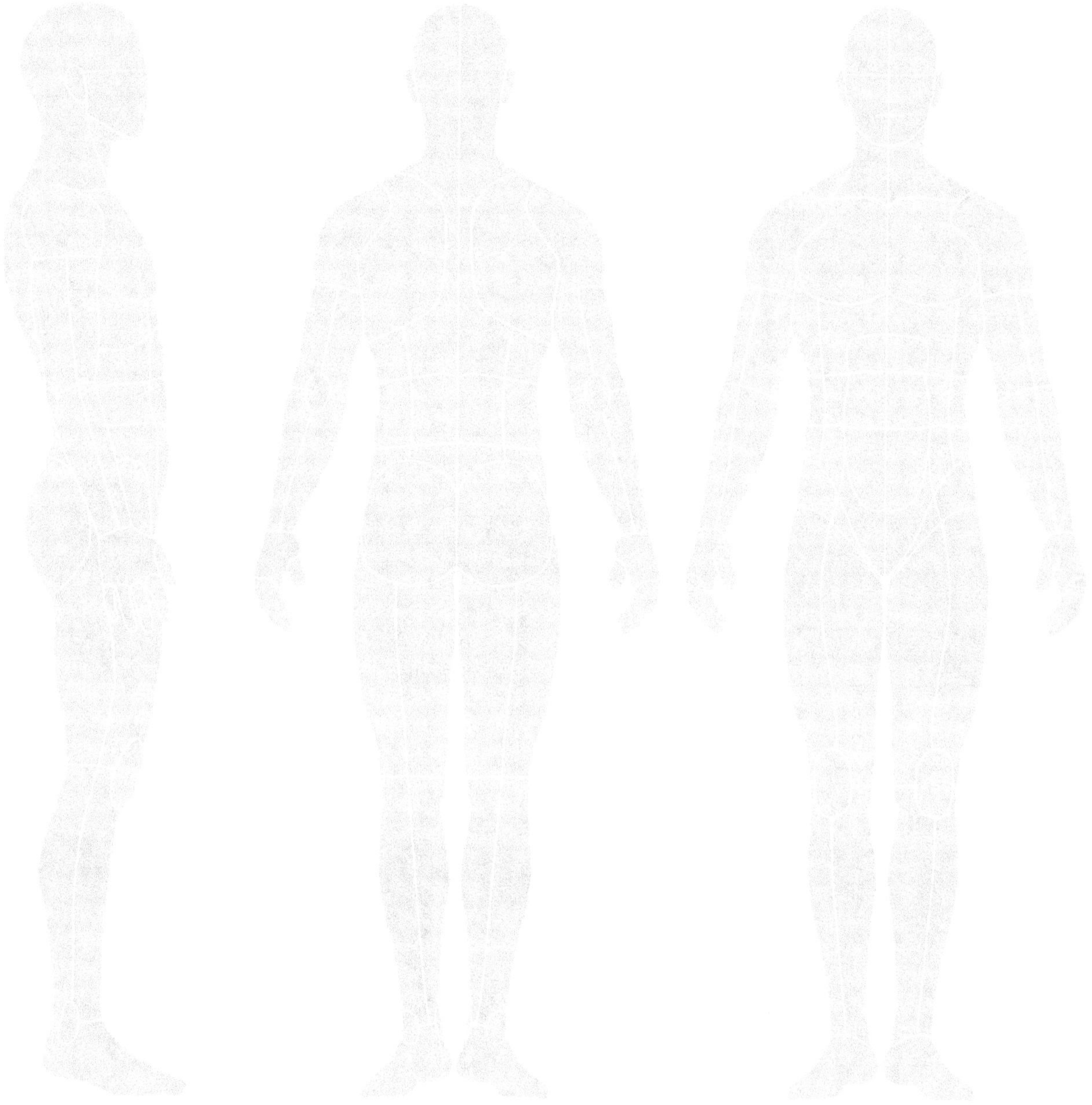

Notes:

Notes:

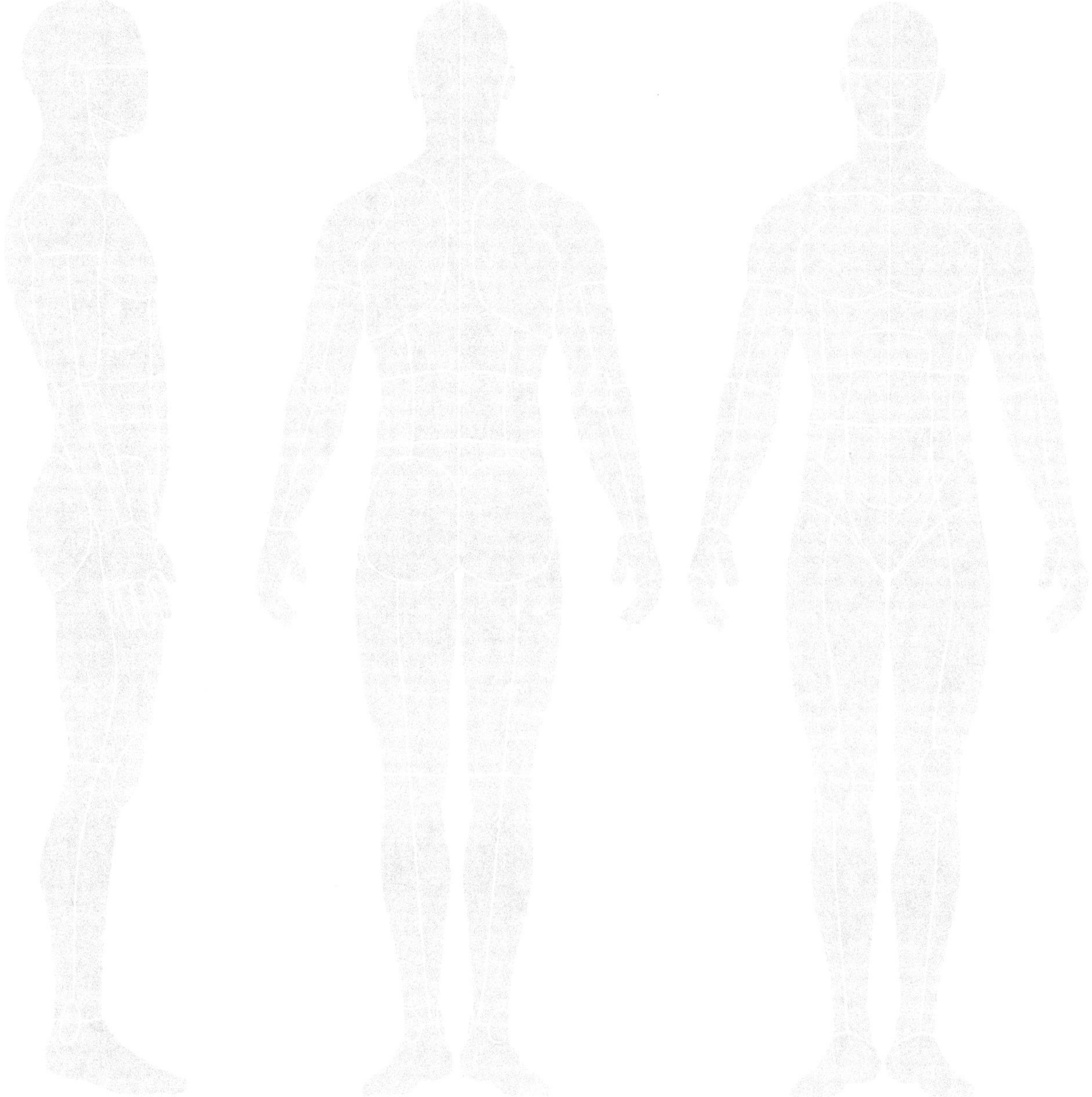

Notes:

Ottermode Male 2

Notes:

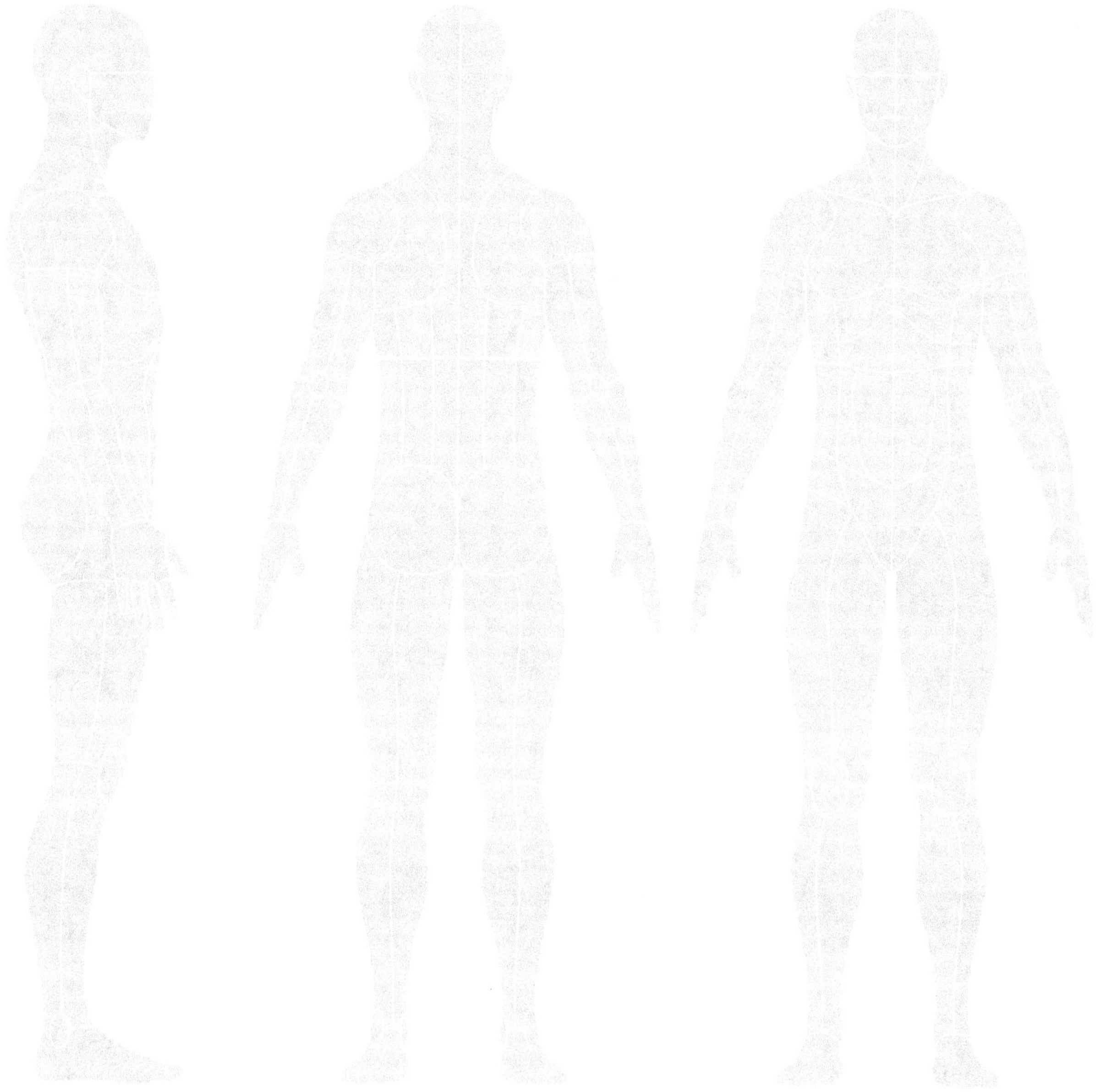

Notes:

Notes:

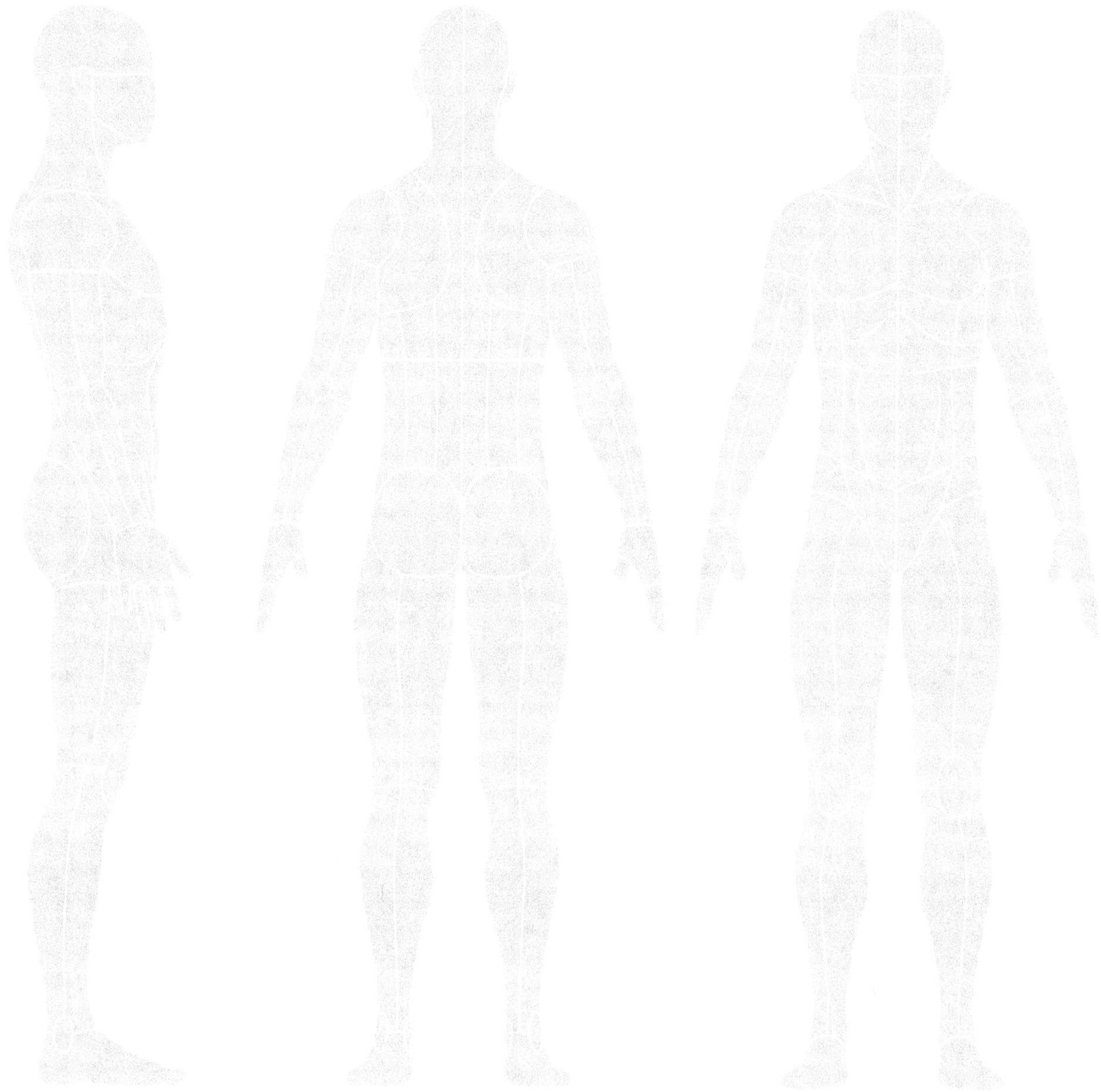

Notes:

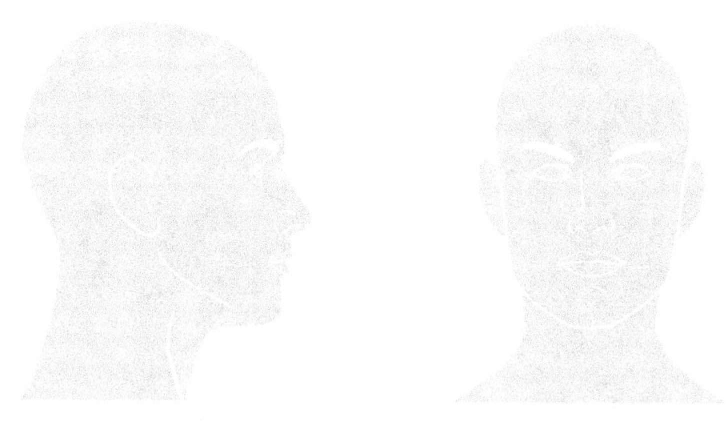

Slim Male 1

Notes:

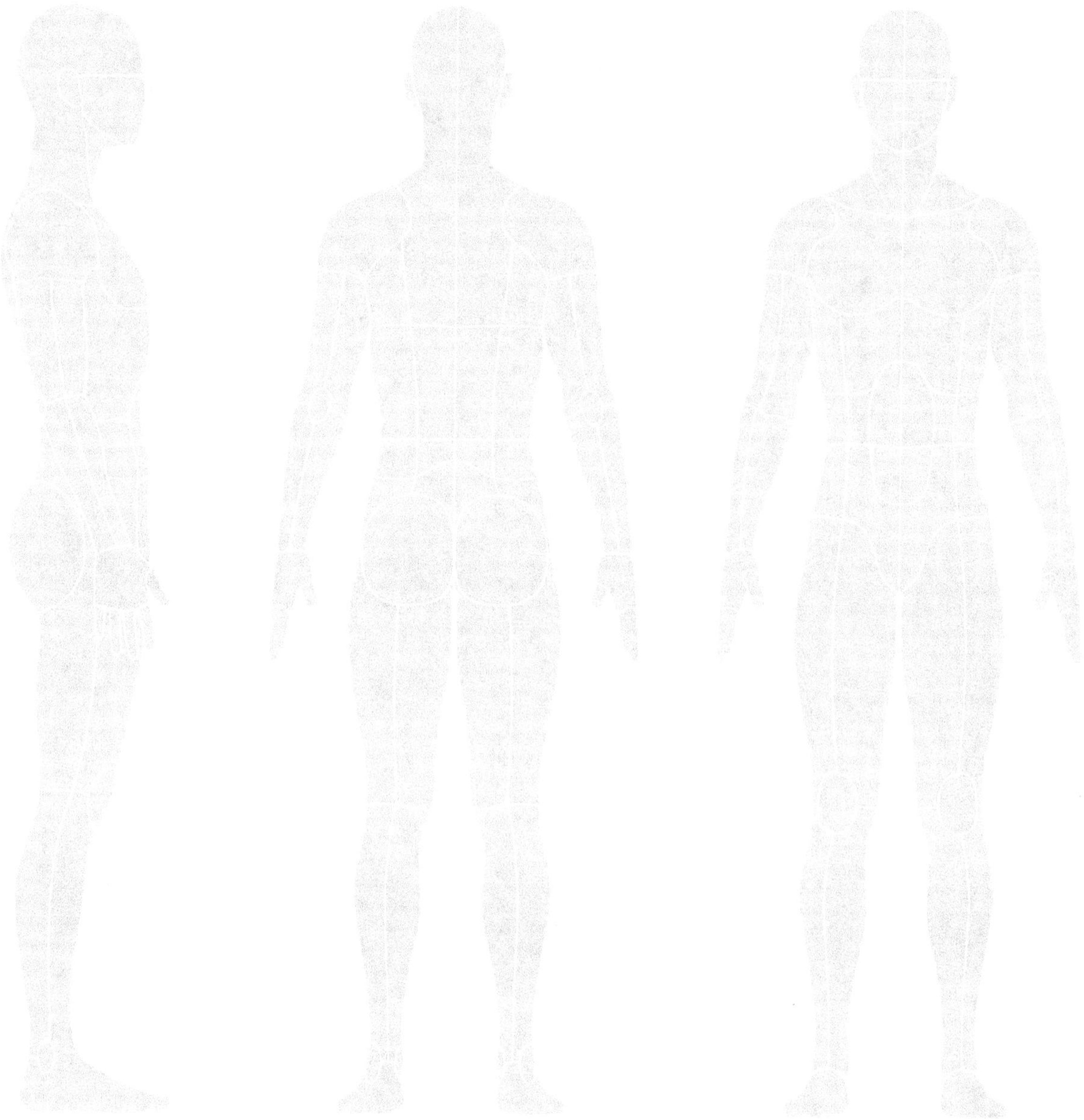

Notes:

Notes:

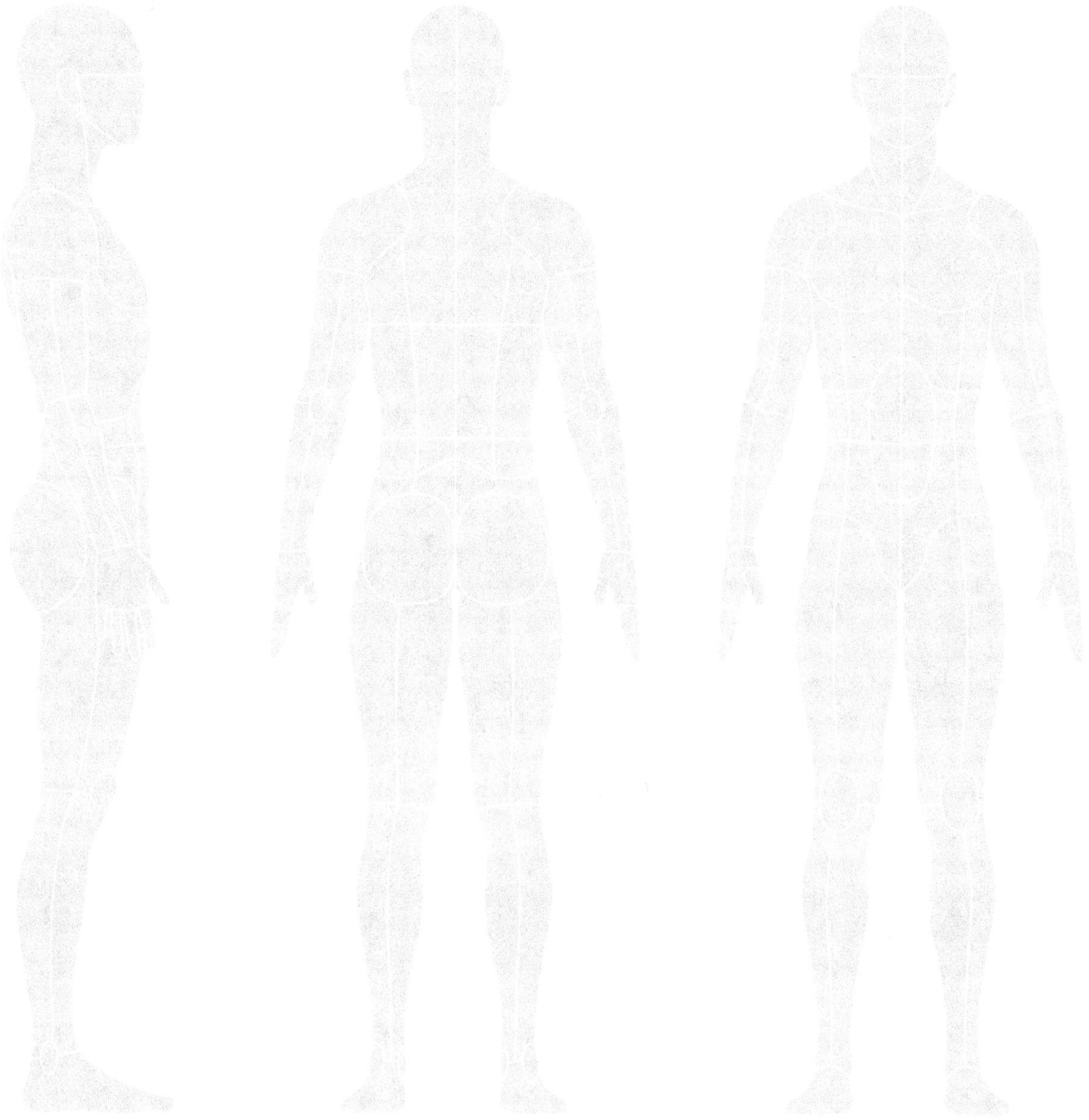

Notes:

Notes:

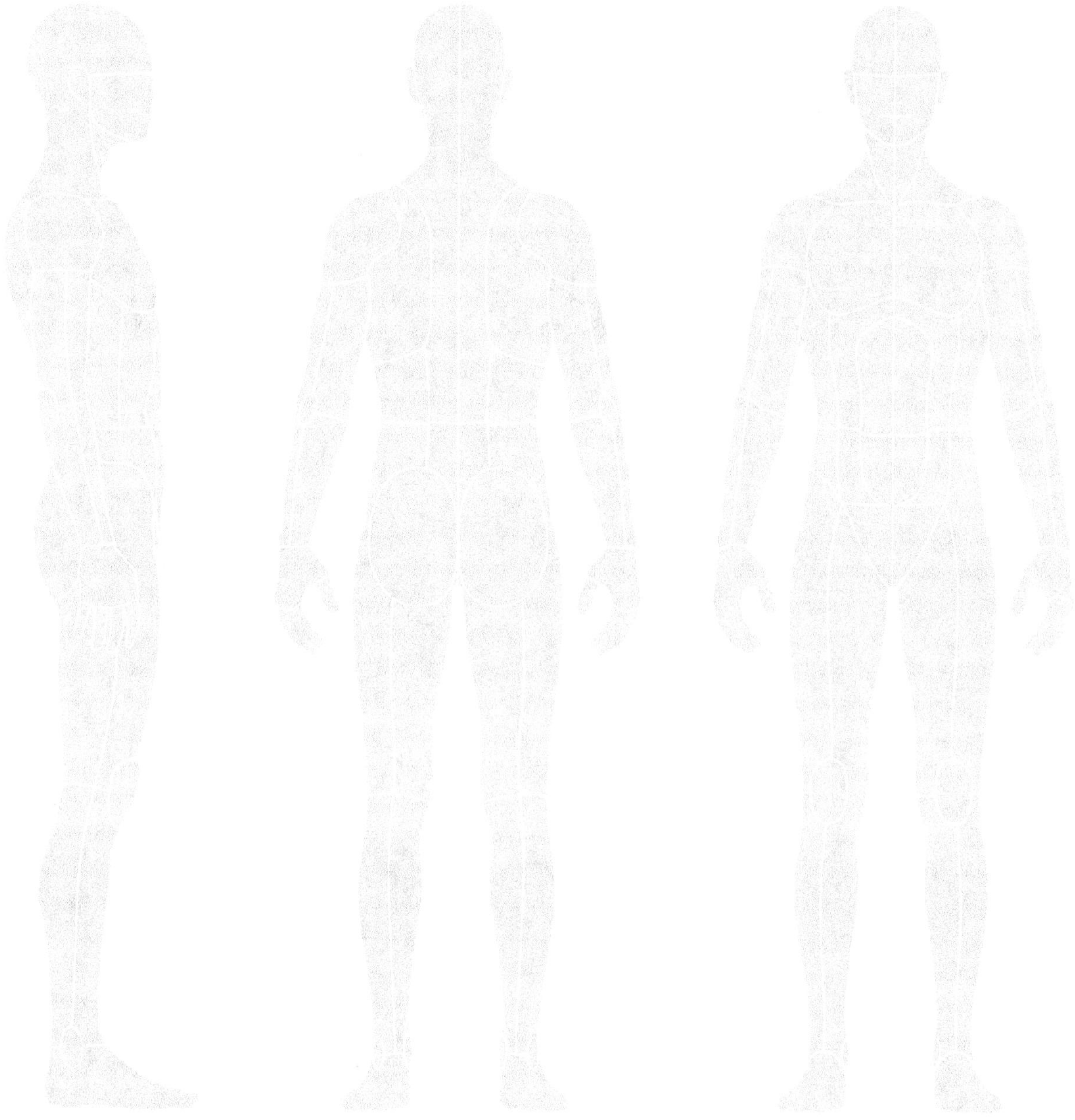

Notes:

126

Notes:

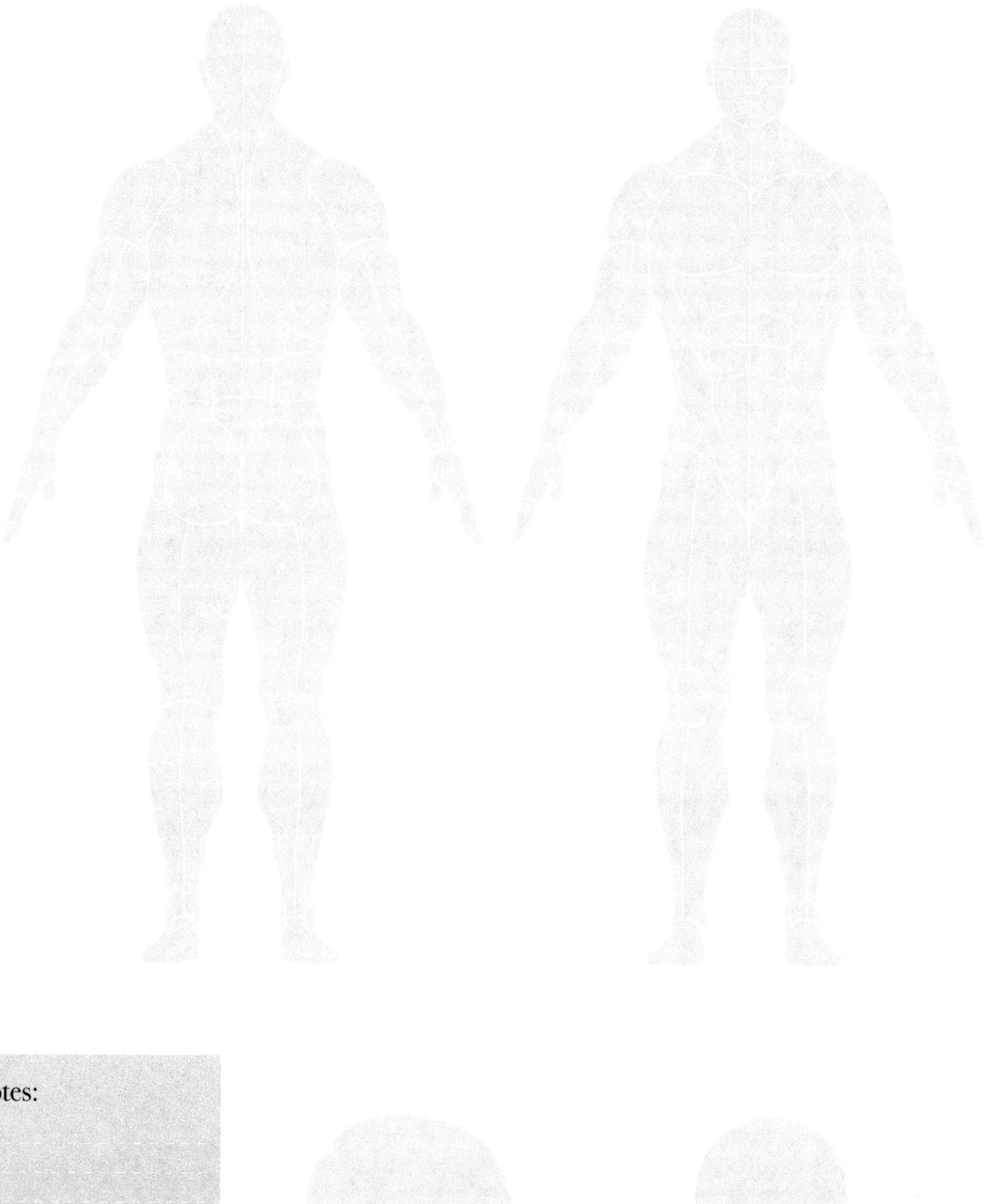

Notes:

Notes:

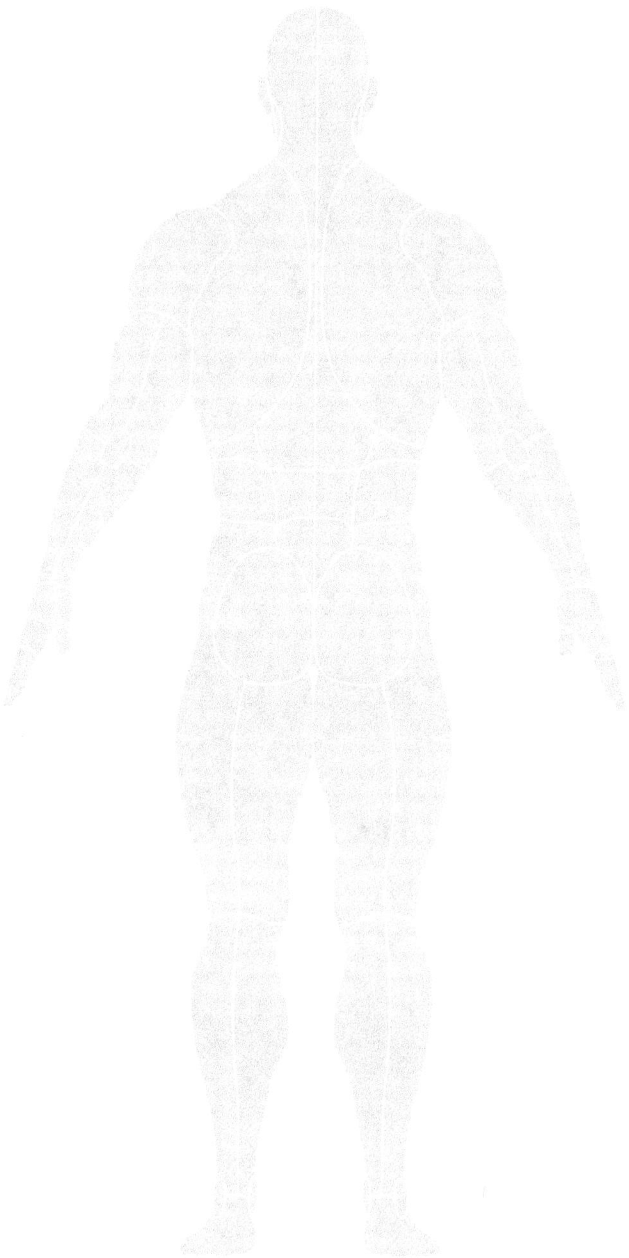

Notes:

Notes:

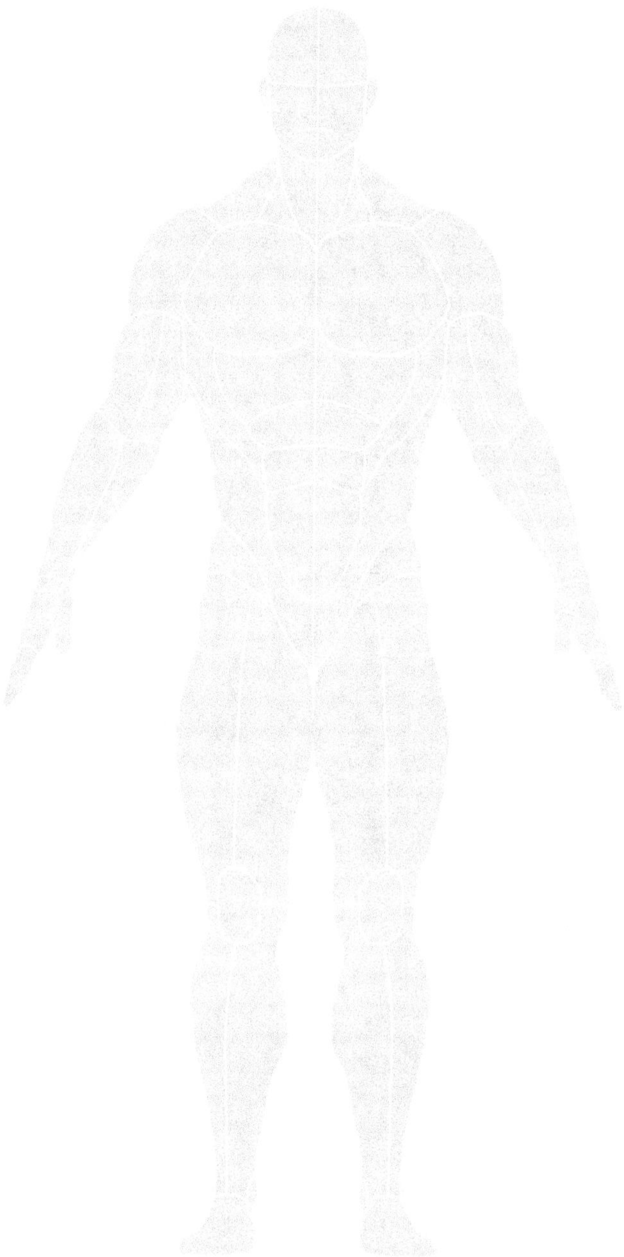

Notes:

Chubbyfat Male 1

Notes:

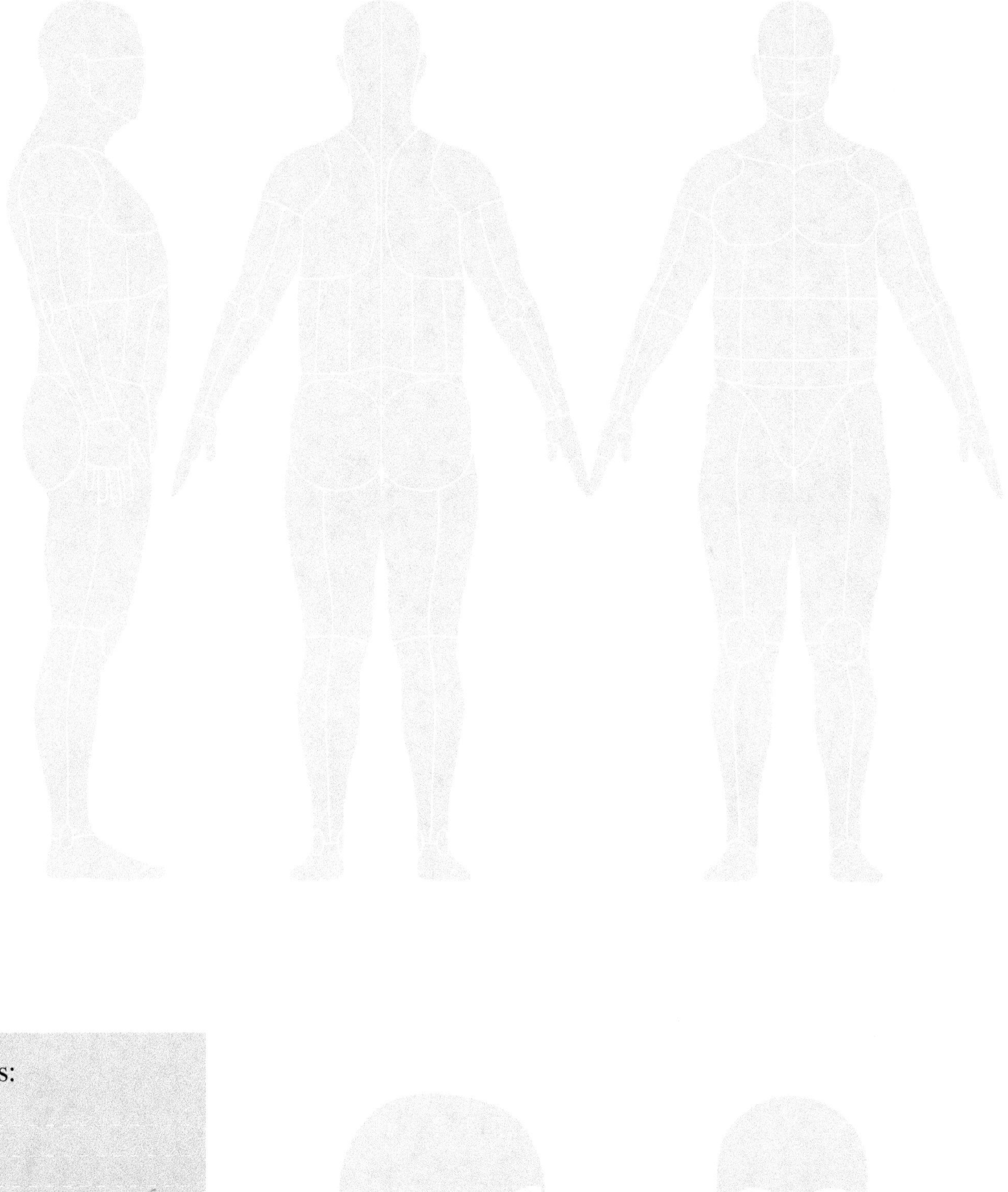

Notes:

Notes:

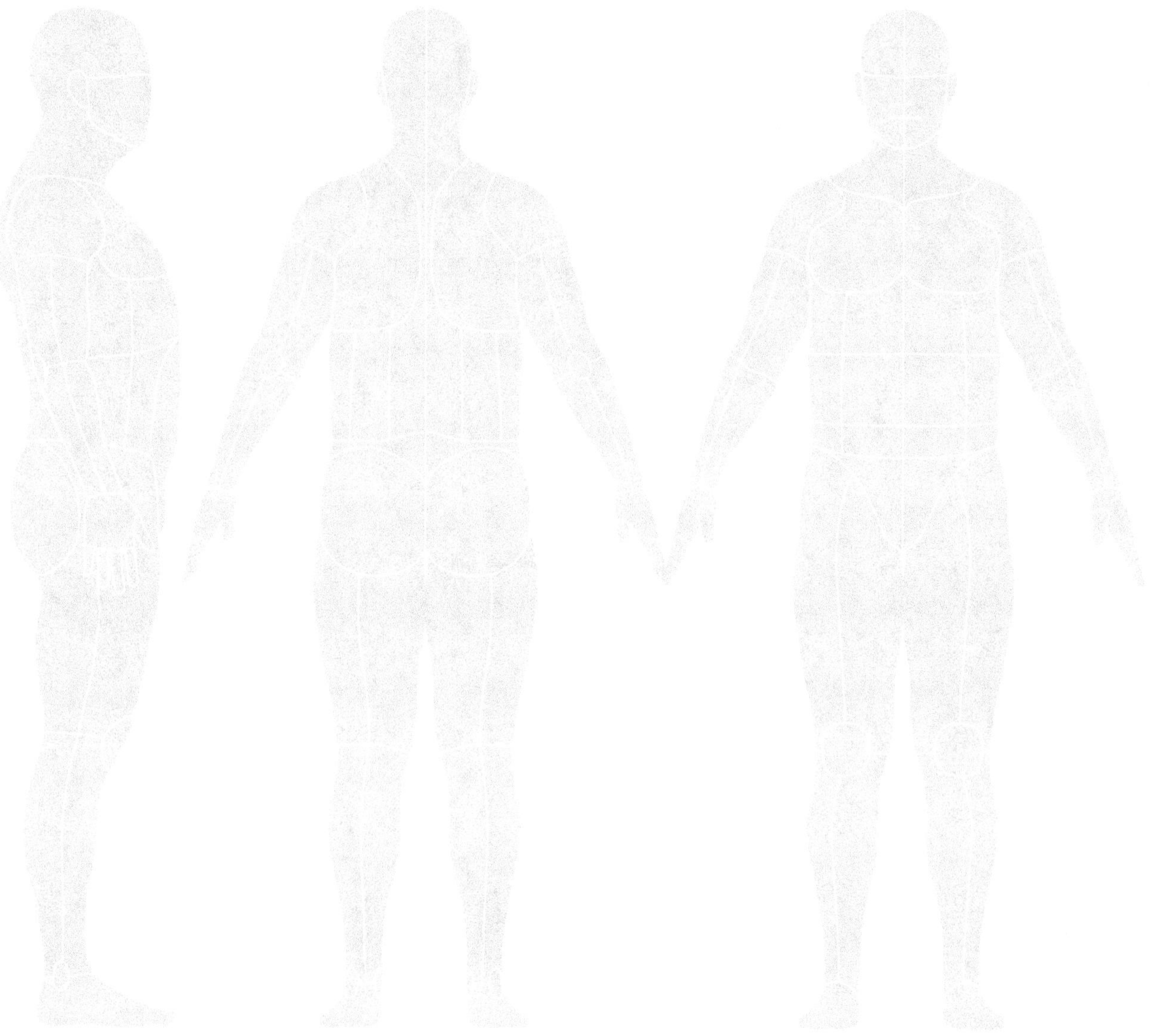

Notes:

Chubbyfat Male 2

Notes:

Notes:

Notes:

Notes:

Notes:

Notes:

Notes:

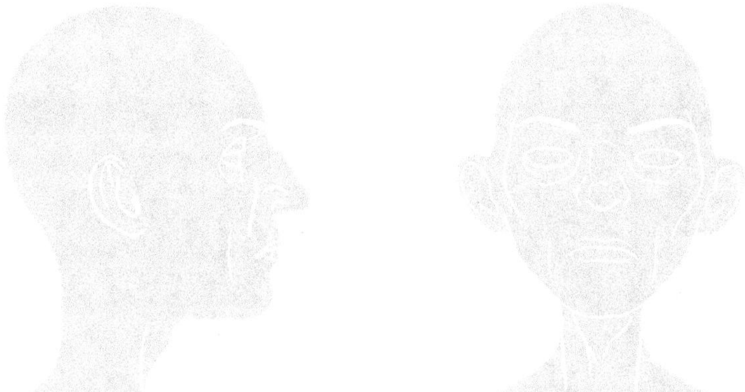

Notes:

Notes:

Barbarian

Notes:

Notes:

Notes:

Notes:

Projects List

<table>
<tr><td>Project Number:</td><td>Page:</td></tr>
<tr><td>Description:</td><td></td></tr>
</table>

<table>
<tr><td>Project Number:</td><td>Page:</td></tr>
<tr><td>Description:</td><td></td></tr>
</table>

<table>
<tr><td>Project Number:</td><td>Page:</td></tr>
<tr><td>Description:</td><td></td></tr>
</table>

<table>
<tr><td>Project Number:</td><td>Page:</td></tr>
<tr><td>Description:</td><td></td></tr>
</table>

<table>
<tr><td>Project Number:</td><td>Page:</td></tr>
<tr><td>Description:</td><td></td></tr>
</table>

<table>
<tr><td>Project Number:</td><td>Page:</td></tr>
<tr><td>Description:</td><td></td></tr>
</table>

Projects List

Project Number: Page:
Description:

Project Number: Page:
Description:

Project Number: Page:
Description:

Project Number: Page:
Description:

Project Number: Page:
Description:

Project Number: Page:
Description: